国家经济

THE CITIZEN AND THE ECONOMY

[美] 简·拉尼根（Jane Lanigan）等 编

王星星 译

中国原子能出版社　中国科学技术出版社
·北　京·

© 2022 Brown Bear Books Ltd. A Brown Bear Book
Devised and produced by Brown Bear Books Ltd, Unit G14, Regent House, 1
Thane Villas, London, N7 7PH, United Kingdom
Chinese Simplified Character rights arranged through Media Solutions Ltd Tokyo
Japan email:info@mediasolutions.jp in conjunction with Chinese Connection
Agency Beijing China
Simplified Chinese edition copyright © 2023 by China Science and Technology Press Co., Ltd.
and China Atomic Energy Publishing&Media Company Limited.
北京市版权局著作权合同登记　图字：01-2023-2018。

图书在版编目（CIP）数据

国家经济 /（美）简·拉尼根（Jane Lanigan）等编；王星星译 . -- 北京：中国原子能出版社：中国科学技术出版社，2024.1
（极简经济学通识）
书名原文：The Citizen and the Economy
ISBN 978-7-5221-2929-7

Ⅰ.①国… Ⅱ.①简… ②王… Ⅲ.①经济学—通俗读物 Ⅳ.① F0-49

中国国家版本馆 CIP 数据核字（2023）第 163991 号

策划编辑	王雪娇	执行编辑	何　涛
责任编辑	付　凯	文字编辑	孙倩倩
封面设计	创研设	版式设计	蚂蚁设计
责任校对	冯莲凤　吕传新	责任印制	赵　明　李晓霖

出　　版	中国原子能出版社　中国科学技术出版社
发　　行	中国原子能出版社　中国科学技术出版社有限公司发行部
地　　址	北京市海淀区中关村南大街 16 号
邮　　编	100081
发行电话	010-62173865
传　　真	010-62173081
网　　址	http: //www.cspbooks.com.cn

开　　本	880mm×1230mm　1/32
字　　数	162 千字
印　　张	6.75
版　　次	2024 年 1 月第 1 版
印　　次	2024 年 1 月第 1 次印刷
印　　刷	北京华联印刷有限公司
书　　号	ISBN 978-7-5221-2929-7
定　　价	69.00 元

（凡购买本社图书，如有缺页、倒页、脱页者，本社发行部负责调换）

献给热爱经济学的你

目 录

政府和经济 …………………………… 1

政府和个人 …………………………… 40

政府和企业 …………………………… 67

政府和劳动力 ………………………… 97

税收 …………………………………… 129

养老金和保险 ………………………… 153

组织和委员会 ………………………… 176

术语表 ………………………………… 196

参考文献 ……………………………… 202

政府和经济

现代社会普遍认为：充分的就业、稳定的物价、经济的高水平增长和平衡的进出口是各国政府必须要考虑的宏观经济目标。政府所要做的，就是选择以何种方式实现这些经济目标。

政府在国家经济活动中无处不在，因此自然而然成为经济政策的制定者。老百姓很少质疑政府在经济中可以发挥的作用。然而，大家可能会对政府工作的优先顺序及政策选择表示怀疑。

政府能做什么？

人们普遍认为，政府有四大宏观经济目标：

- 保持充分就业；
- 保持物价稳定；
- 实现高水平经济增长；
- 保持进出口平衡。

从微观经济学角度来说，政府有责任提供公共物品和各种保障性商品。有些人认为，在经济活动中，政府同样有责任确保收入的公平分配。进一步的微观经济目标包括：维持市场公平竞争、监管经济活动对环境的影响。

政府必须选择宏观经济政策的方向。政府可以选择自由市场模式，实行最低限度的干预；也可以选择计划经济，由政府来进行资源分配。如果想为下一次选举赢得民众支持，领导者对经济政策的选择就会受到影响。经济发展会影响就业水平、通货膨胀率、国际收支平衡和经济增长率，这些都被视为衡量一个国家健康发展状况

宏观经济

宏观经济学是研究一个国家总体经济情况的学说。个人与企业之间的关系在宏观经济学研究中具有重要意义。消费者通过购买产品为企业提供收入是基础；反过来，企业向劳动者家庭提供工资收入也很重要。如图1所示，这种相互依赖关系被称为循环收入模型。为了让我们更好地理解其中的关系，在这种模型中，我们省略了公司的投资（即通过借款来购买新的机械和设备）、税收、进口和出口这几项。

普通家庭的投资是通过储蓄来实现的。当个人在消费和储蓄之间选择银行储蓄的时候，银行等金融系统被赋予了一个作用，就是将储蓄分配给企业用于投资项目。通过对资本设备的投资，企业能获得更多的收入；随着国民收入水平的提高，国民就会有更多的钱来消费或储蓄，消费者可以用来消费或储蓄的钱也会越来越多。

当政府部门通过税收手段参与到这个循环的时候，上述这种简单的循环流动就会被改变。这是因为税收会减少消费者的实际到手收入。但政府又能通过使用税款，加大在商品和服务等行业对企业的产品需求，进而刺激投资和生产，实现国民收入的增加。

国民收入是被放在一个封闭的经济环境来考虑的。但在开放型经济中，可能会出现商品和服务的进出口贸易。如果一个国家的进口商品越来越多，那么国内部分的消费就会慢慢从流向本国公司转向外国公司，不再流向该国的公司而是流向其他国家的公司。反言之，当产品出口或货物离开该国时，该国公司也会向国外消费者增加销售的需求。

在图2中，第二个模型试图尽可能逼真地模拟现实世界，增加了投资、税收、进口和出口等要素，所以显然是比第一个模型更为复杂。然而它仍然是一个相对简单的需求模型，因为里面少了一些关键因素。例如，只对家庭收入征税，但忽略了政府也可能对投资和进口征税。更进一步说，该模型事实上没有说明哪些商品已经被购买，哪些商品并没有被购买。由于未能以这种方式进行区分，它的隐含假设没有外部关联性。换句话说，在它的设想中，对商品的消费不会对他人产生积极或消极影响。如果这些影响存在，货物可能会供不应求或供过于求。

因此，图1和图2里的循环模型只能用来回答宏观经济的问题，并不能用来解释税收的增加是如何影响整体国民收入的这类具体问题。

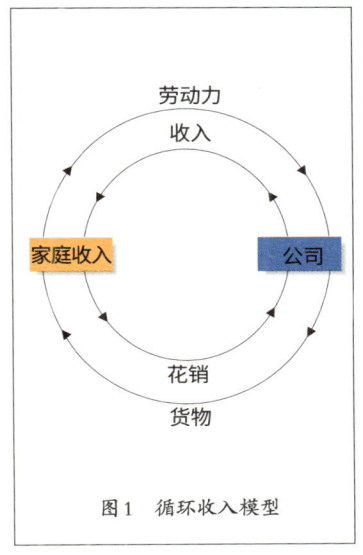

图1 循环收入模型

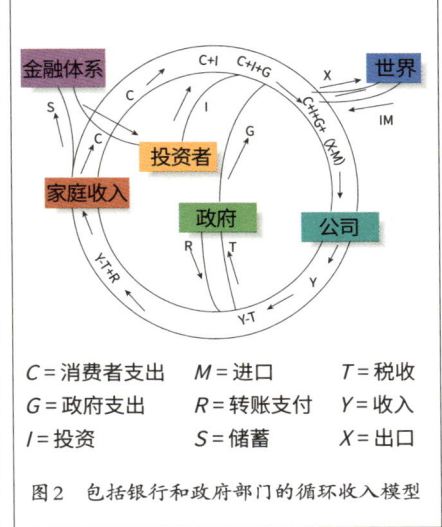

图2 包括银行和政府部门的循环收入模型

的关键指标。因此,成功实施一项经济政策就有可能确保连任。

政府也可以选择不同的政策手段来实现其经济目标。例如,在财政政策中,涉及税收和政府支出的变化会影响经济的整体需求水平。而货币政策则通过控制货币供应、信贷和利率来实现其政策目标。

本章将探讨政府在经济政策制定者中扮演的角色及其政策选择,此外也会探究政府为实现其特定经济目标可能采用的手段。

政策的制定者——政府

为什么政府对经济发展有着举足轻重的作用呢?原因有两个:一是能在市场调节失灵的地方发挥作用;二是能对收入和财富进行再分配。

在一个贫富不均的国家,收入和财富通常会被重新分配。一方

国家经济

面是因为在这种情况下,司法制度会要求政府去"劫富济贫"(把富人的钱分给穷人);另一方面则是因为市场出现失灵。市场失灵就是指经济未能发挥其应有的效率,未能最有效地满足百姓的需求。有多种原因会导致市场失灵,其中就包括大公司之间的恶性竞争、越来越多的公共产品,以及像污染这样的外部因素。

政府实际上就是个大企业。1998年,美国政府花费近14000亿美元聘用了超过500万名员工,美国政府在此前60年中支出占经济总支出的比例由20%增长到35%,由此可见,政府的作用越发重要。然而,任何判断一个经济体系是否成功的看法都是主观的,因为人们常会质疑政府在经济活动中的作用。

财富再分配

为什么人们仍会对财富再分配感到不满

政府通过运营一系列的福利项目来对社会的财富进行重新分配。

政府和经济

美国的医疗改革

1993年,美国总统克林顿提出医保计划,核心是试图建立一个普惠的全民医疗保险制度(Universal Health Care)。该计划提出的背景是基于当时美国越来越多的中产阶级都买不起医疗保险,因此该计划希望通过健康维护组织(HMO)为这类人群提供医保方案。但当时大多数有医保的人都没有加入健康维护组织,因为他们担心如果该法案通过了,他们去看医生都需要提前得到批准。保险公司也不喜欢这一提案,因为它会给他们带来竞争。这就是所谓的经济均衡——人要想获益,势必就会侵犯到他人的利益。由于遭到潜在利益受损方的反对,此次医疗改革的计划方案最终没有被国会通过。

呢?有一种解释是,社会大众可能并不喜欢这种由价格和数量均衡在暗中推动的分配方式。因为这种财富再分配方式有可能会导致个别人能享受到90%的商品和服务,而剩下的人则只能去均分剩余的部分。这种情况在经济上其实是行得通的,因为如果不对富人的财富进行再分配,那其他人的生活就更得不到改善了。但社会大众依旧可能会对这样的结果感到不满,

一辆劳斯莱斯汽车停在比弗利山庄罗迪欧大道的一家商店外,这样的场景很容易引发美国人对社会财富分配的不满。

同时还有可能会要求政府通过发放福利、食品券等措施去改善经济活动中的财富分配。

公共物品

政府干预经济的第二个原因是需要为老百姓提供必要的公共产品或服务，诸如国防、治安和消防救援这类能被每一位公民享受到的产品或服务。每一位公民都能从国防中受益，而且每个人使用其产品和服务时，不会侵害到其他人的利益，具有非排他性。正因为这些特点，公共物品既不会有市场也不会有收费来源，所以自然也不会有私营企业很积极地去提供这些产品和服务。因此，公共物品一般是由政府来提供的。

还有一种观点认为，政府干预市场应提供介于公用和私用之间的混合公共物品或有益产品。高速公路就是一个很典型的混合公共物品。高速公路一开始可以算作公共物品，但当出现拥挤和堵车的时候，车道的很多空间就会被个别车辆独占，因此更应把它视为混合公共物品。像这样的例子还包括教育和医疗等。市场机制一般是无法提供这些服务的。

市场失灵和外部效应

政府会在经济活动中产生外部效应，并对他人的福利产生影响。例如，焚化炉排放出的污染物，会对附近生活或工作的人造成负面的外部影响。同样，每个人都能去的公园，它作为一种公共物品也能为参观者提供乐趣，产生积极的外部效应。

在一个经济体中，如果其中的个体非常看重公共的、有价值的、混合的，以及具有外部效应的商品，那么这些商品要么供过于求，要么供不应求。因为在部分人能获利而不会造成他人利益损失的情况下，就会导致出现市场失灵和资源配置效率低下的问题。这时就需要政府出面进行干预了。

尽管许多经济学家承认了政府干预经济的重要性，但依旧存在争议。像早期的批评家和经济学家罗纳德·科斯（Ronald H. Coase）就认为，如果产权已经进行了分配，就不需要政府来干预了，因为市场自身就会进行调节并最后走向平衡。

例如，假设有一家公司对农民喂牛的河水造成了污染，而且这家公司对这一片区还有产权。在这种情况下，如果农民的边际成本比该公司的大，那么农民会发现向公司付钱让其降

这些慢跑者正在前往洛杉矶当地的一个公园。这里的"公园"就是一种"公共物品"，因为每一个人都能自由进出并享受里面所提供的服务。

低污染其实对自己更有利。这么做其实是一个双赢的结果，因为不管是农民还是公司，都不能做到在对方利益受损的情况下自己获利。这个例子也很好地印证了科斯定理（Coase Theorem），即在明确定义产权及两个个体经济的情况下，市场均衡的最终结果都是有效率的。有部分观点甚至认为"两个个体"这个词可以删掉，并表示这样的结果可以发生在任何具有明确产权的经济体中。

但有研究表明，这个例子是具有局限性的。假设有一批农民面对同一个污染问题，当"抱团"的他们面临怎么去付这笔钱的时候，结果可能就不会那么高效了。因为在这种情况下，他们每个人都有各种理由不去付这笔钱，而且他们还会认为其他人都可能不会支付这笔费用。

尽管有这样或那样的争论，经济学家还是普遍认为，公众目前依然认可政府在经济决策中的作用。因此公众也有权利询问政府应采取什么样的政策，应优先发布哪些政策，以及应如何推进这些政策的实施。对于政府干预经济的目的，人们普遍认为是出于功利主义，认为政府是为了"为大多数人寻求最大的利益"，第二个目的则像罗尔斯社会福利函数（Rawlesian Social Welfare Function）所遵循的一样，使境况最糟的社会成员的效用最大化。

政策手段

政策可以被看作一个具有不同程度规则制定权力的个体单位，在试图最大化自身作用和阶级利益时所制定的系统性行动原则。因此，在分析政府作为经济政策制定者时的重要性时，具有特权的政府官员如何制定政策这个问题值得我们思考。

商业周期

商业周期是以国内生产总值（GDP）的波动为标准，出现在经济活动中不规律的周期性波动。它是反映国家经济状况的重要指标，对政府本身来说非常重要，而商业周期之所以重要，是它与失业率、股价和通货膨胀的水平都有着密切联系。商业周期以顶峰、低谷和趋势走向为特点，并不受时间影响。在给定的商业周期内，顶峰是产量的最高点；同理，低谷就是这个周期里产量的最低点。经济衰退是指经济活动水平的下降；如果一个周期中的低谷太深的话，就会演变成一次经济萧条。综上所述，尽管商业周期具有随机性和不可预测性，但仍被视为反映当前经济状况和未来前景的关键指标。

回顾美国1876年至1986年间的历史，如图3所示，我们可以发现不同时期经济增长率的差异非常大。其中，1919年到1945年的变化最为惊人。这一时期，

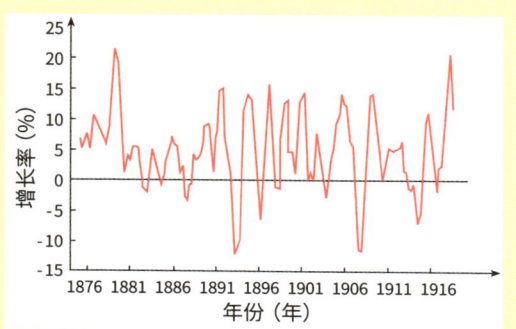

（a）1876—1918年美国经济增长率

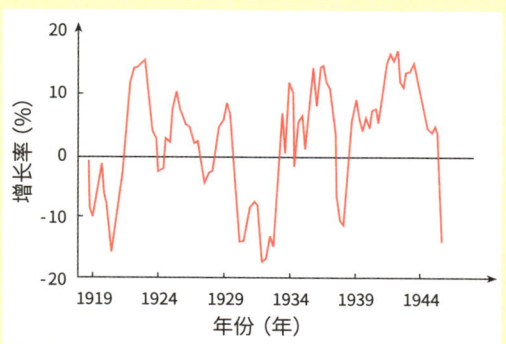

（b）1919—1945年美国经济增长率

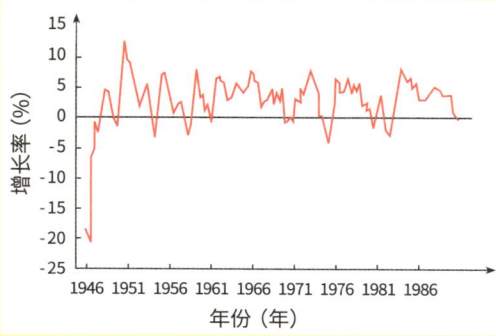

（c）1946—1986年美国经济增长率

图3　1876—1986年美国经济增长率

经济首先遭遇了负增长。但在繁荣的20年代，这种情况随着经济增长率的提高得到了极大的改善，经济增长率甚至一度超过了10%。然而在大萧条期间，经济增长又出现了长时间的停滞，直至第二次世界大战到来后才出现经济增长率的飙升。

这种不稳定的特性构成了商业周期。表1提供了从1854年到1982年的周期数和周期长度的数据。在此期间，美国一共出现了30个商业周期。而自第二

表1　1854—1982年美国商业周期的扩张和收缩情况

商业周期参考时间		持续时间（月）*			
		收缩（从上个顶峰到低谷）	扩张（从低谷到顶峰）	周期	
低谷	顶峰			从上个低谷到这次低谷	从上个顶峰到这次顶峰
1854年12月	1857年6月		30		
1858年12月	1860年10月	18	22	48	40
1861年6月	1865年4月	8	46	30	54
1867年12月	1869年6月	32	18	78	50
1870年12月	1873年10月	18	34	36	52
1879年3月	1882年3月	65	36	99	101
1885年5月	1887年3月	38	22	74	60
1888年4月	1890年7月	13	27	35	40
1891年5月	1893年1月	10	20	37	30
1894年6月	1895年12月	17	18	37	35
1897年6月	1899年6月	18	24	36	42
1900年12月	1902年9月	18	21	42	39
1904年8月	1907年5月	23	33	44	56
1908年6月	1910年1月	13	19	46	32
1912年1月	1913年1月	24	12	43	36
1914年12月	1918年8月	23	44	35	67
1919年3月	1920年1月	7	10	51	17
1921年7月	1923年5月	18	22	28	40
1924年7月	1926年10月	14	27	36	41

商业周期参考时间		持续时间（月）*			
低谷	顶峰	收缩（从上个顶峰到低谷）	扩张（从低谷到顶峰）	周期	
				从上个低谷到这次低谷	从上个顶峰到这次顶峰
1927年11月	1929年8月	13	21	40	34
1933年3月	1937年5月	43	50	64	93
1938年6月	1945年2月	13	80	63	93
1945年10月	1948年11月	8	37	88	45
1949年10月	1953年7月	11	45	48	56
1954年5月	1957年8月	10	39	55	49
1958年4月	1960年4月	8	24	47	32
1961年2月	1969年12月	10	106	34	116
1970年11月	1973年11月	11	36	117	47
1975年3月	1980年1月	16	58	52	74
1980年7月	1981年7月	6	12	64	18
1982年11月	1990年7月	16	92	28	……
所有周期的平均时长					
1854—1982年（30个周期）		18	33	51	51
1854—1919年（16个周期）		22	27	48	49
1919—1945年（6个周期）		18	35	53	53
1945—1982年（8个周期）		11	45	56	55
和平年代周期的平均时长					
1854—1982年（25个周期）		19	27	46	46
1854—1919年（14个周期）		22	27	46	47
1919—1945年（5个周期）		20	26	46	45
1945—1982年（6个周期）		11	34	46	44

注：下划线的数字是战时（内战、第一次世界大战和第二次世界大战、朝鲜战争和越南战争）扩张，战后收缩，还包括战时扩张的完整周期。

次世界大战以来，商业周期的数量明显比以往减少了许多。从时间跨度来看，第一次世界大战期间出现的经济周期比第二次世界大战期间相对要多。

经济周期的顶峰和低谷随趋势的走向而移动。经济活动的趋势会随着时间的变化而改变，这种变化通常会沿着相同的方向连续发生。如图4所示，展示了一个商业周期的假设模型：在顶峰和低谷之间会出现一段下降期（衰退期）。而在低谷到顶峰之间则会出现一段产量增加的恢复期。

从"动物本能"到技术冲击，经济学家们对商业周期从何而来看法不一。本节的剩余部分将对经济周期产生进行一次探讨。

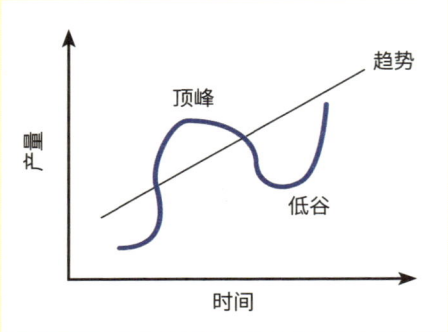

图4　商业周期假设的规律

凯恩斯主义商业周期

经济学家约翰·梅纳德·凯恩斯（John Maynard Keynes）见证了大萧条，并试图对其进行解释。在此过程中，他提出了一个基于投资行为的商业周期理论。他在自己最著名的经济学著作之一《就业、利息和货币通论》(The General Theory of Employment, Interest and Money)中写道：

"当我们下定决心干点大事时，很可能是受我们身上的'动物本能'所驱使。这是我们自身一种自发而冲动的行为，并不是在衡量了预期收益后所采取的决策。一家企业如果对外宣称其经营动机是受公司经营规划驱使的，那不管这家企业有多么坦率和真诚，最终也不过是在自欺欺人。除去南极探险外，所有的经济活动都是在经过精确计算后为了获得收益而开展的。虽然，'动物本能'驱使下所做出的决策可能会带来对造成损失的担忧，而且这种担忧的程度是和对预期收益的期望不相上下的，但如果一家企业仅仅依赖数学计算而缺乏'动物本能'和乐观积极的态度，其终究会被淘汰。"

换句话说，企业在投资核心设备的过程中，会慢慢形成对未来的看法。因为企业要想计算出他们能从投资中获得多少回报，就必须先对未来成本和未来收入做出预测。如果企业管理者们对前景普遍感到乐观，并认为能得到不错的投资回报，他们就会增加投资预算。相反，如果管理者们对投资前景感到悲观，并认为预期投资项目的回报率会下降，那么相应的投资预算也会减少。

正如投资会受到诸如"动物本能"的投资冲动所影响，经济的发展也势必会受到来自各方的"冲击"。比方说，企业增加设备和机械上的投资会有助于提高产量。这反过来又会提高利率，因为用于购买产品的资金需求增加了。而产量的增加也与劳动力投入的增加有关，因为它降低了失业率和劳动生产率。最后，增加投资改变了代表经济总体需求水平的总需求曲线，从而加剧了通货膨胀。

根据"动物本能"，凯恩斯主义分析认为，投资冲动会在乐观情绪高涨时达到顶峰，然后开始出现下降，并在商业预期较低时出现低谷。

实际商业周期理论

实际商业周期（RBC）理论假设经济冲击的主要来源是技术冲击。因此，如计算机技术的冲击可能意味着突然可以更高效地生产商品；总供给越大，经济中的总体供给水平也会越大。在这些模型中冲击一定是暂时的，却具有长期性。在这种情况下，个人将在不同时期之间交替劳动。那就是在繁荣时期更加勤劳，获得比在低谷时期相对更多的报酬，并在此过程中为未来储蓄。因此，短期内产量会增加。

一部分人对这一理论进行了批评，因为他们认为技术进步是有百利而无一害的。如果硬要说有什么坏的冲击的话，就只能是恶劣的天气条件了，比如龙卷风会对特定季节的农作物生产率造成打击。真实经济周期理论的拥护者还表示，就算技术水平下降，也有可能会对经济产生不利影响。这种观点的意思是，如果因为技术创新的增长速度放慢，以至于没有通过计算机技术方面获得更大的经济进步，那么经济同样会受到不利的影响。

政策商业周期

上述解释表明，政府政策可以增加在凯恩斯主义和真实经济周期框架下的经

20世纪30年代，美国的经济大萧条给数百万人带来了前所未有的贫困和苦难。这一时期也是美国经济史上的最低谷。可以肯定地说，在那些年里，经济决策者的脑海中并没有出现凯恩斯所说的"动物本能"。

济活动。例如在凯恩斯主义模型下，政府在经济衰退期间可以通过加大财政支出来增加整体经济中的总需求，并改善企业预期。而在真实经济周期模型下，政府则可以通过加大财政支出促进劳动力供给的增加，进而增加产出。

政治经济周期（Political business cycle）模型会询问政府出于什么政治原因、在什么条件下去刺激经济活动。模型假设了人们会根据国家的经济表现来进行投票。如果人们是根据现任总统在任期内的经济表现来投票，那么最终的投票结果是具有回顾性的；投票同样也可以是前瞻性的，就是人们可以根据对未来经济表现的预期进行投票。无论是哪种投票，那些想要谋求一官半职或者追求特权的政治家们，都会在诱惑下自发去推动经济活动的发展，以便更好地实现他们自身的目标。

关于政治经济周期理论，有着多不胜数的逸事证据。例如，政治经济周期的早期倡导者之一、普林斯顿大学经济学家爱德华·塔夫特（Edward R.Tufte）就曾引用美国总统尼克松的话，"我从1954年和1958年的痛苦经历中了解到，触底的经济衰退导致了共和党在参众两院的重大失败。所以在1958年的选举中，'钱包里有没有钱'的重要性会比历史上任何一次选举小年都更为明显。虽然在国际形势方面，美国政府在1958年取得了很好的成绩。然而人们去投票时最关心的显然还是10月出现的经济衰退问题。人们也因此完全拒绝了总统关于共和党选举进入参众两院的呼吁"（塔夫特，1978）。

这表明政治家们已经认识到了刺激经济发展对于赢得竞选的必要性和重要性。有证据显示，政治家们在选举前利用政治手段导致发生了变化。如图5、图6和表2所示，政治家们利用了财政和货币政策等手段来刺激经济。此外，如图6所示，经济往往会在选举前出现增长，然后又在选举之后出现下降。

更高的社会保障金

根据由国会颁布并由尼克松总统于1972年7月1日签署通过的新法规，从本月开始，您的社会保障金已增加20%。

尼克松总统还签署了一项条款，如果您的生活成本上升，社会保障福利也会相应增加。根据该法律规定的条件，未来几年的福利会自动增加到您的支票中。

美国卫生、教育和福利部及社会保障局
DHEW出版号（SSA）73-10322
1972年10月

1972年美国总统大选前寄给社保受益人的一封信，信中表露出了政府刺激经济活动的政治目的。

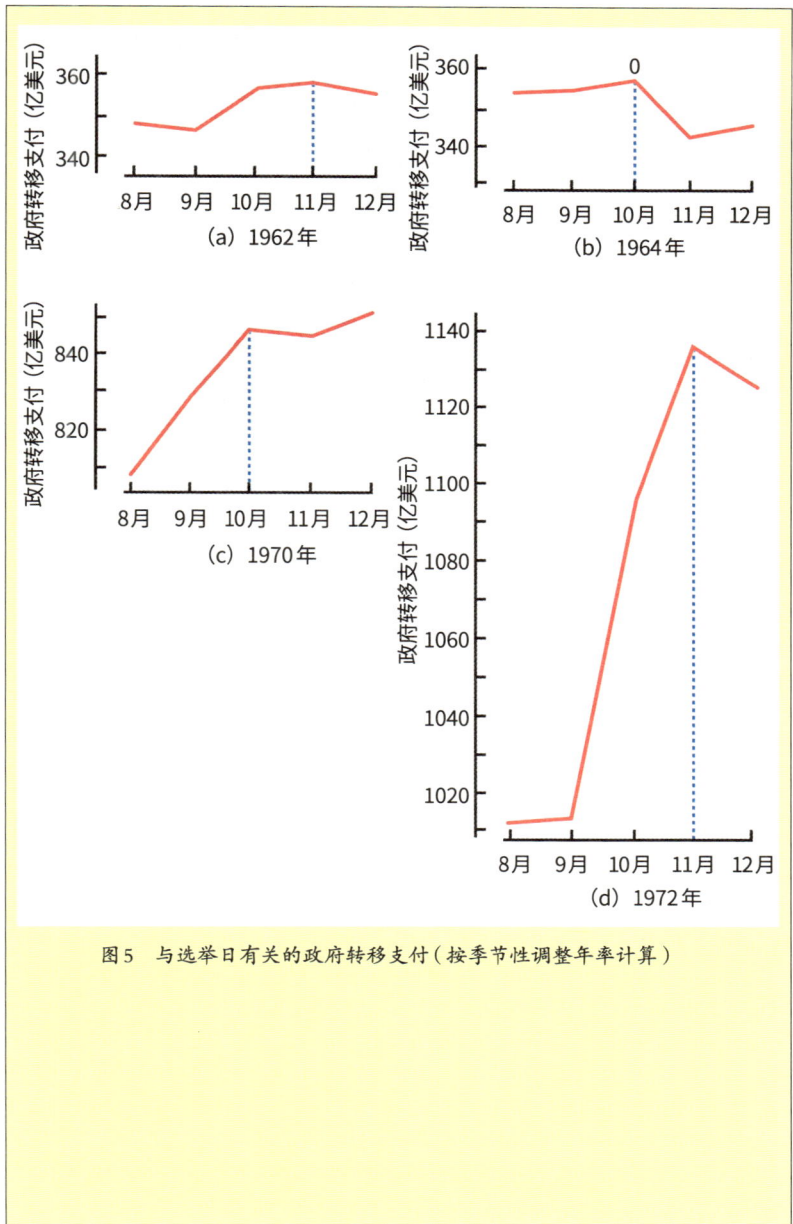

图5　与选举日有关的政府转移支付（按季节性调整年率计算）

实际经济周期理论假设经济冲击的主要源头是技术冲击。但最直接的冲击可能是天气,像恶劣的洪涝就会对所有季节作物的产量造成毁灭性打击。

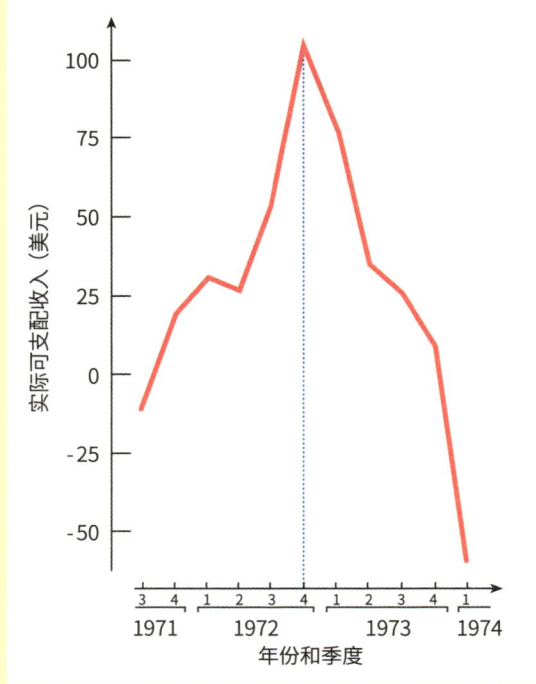

图6 1972年美国总统大选前后实际可支配收入的季度变化

表2　选举前后货币政策的使用情况

	两年期	
1948—1976年	总统大选前	总统大选后
货币供应量增长率加快	4	1
货币供应量增长率放缓	3	6
1948—1976年，除去艾森豪威尔当总统的年份		
货币供应量增长率加快	4	1
货币供应量增长率放缓	1	4

　　政治家们有着各种各样的目标。人们普遍认为政治家们上台执政的动力有三个：一是成为执政部门可以实现自身阶级的利益；二是政治家是以政策为导向，上台执政可以让他们对政策的制定和实施进行干预；三是出于政治家们自身的寻租行为，比如利用自己的职权为自己的家庭成员谋求工作或收受个人贿赂。

　　不同的政治表现来源于政治家们各自的目标，以及他们是否承诺会在选举后推行特定的政策。同时，它还受到政府选举时机的影响。对一些政治家来说，利用通货膨胀和失业率之间的短期权衡来获得政治优势的做法，对他们非常具有诱惑力。

政府和宏观经济政策

　　有观点认为，政府制定经济政策的目的是最大限度地提高社会和政治家们的福利。这种假设对政府是经济政策制定者的角色定位带来了一些争议。因为许多政界和媒体界的人士都认为政府制定经济目标的理想目标只有一个。本节将对特定政策目标相关的直观吸引力和困难性进行探讨。

低失业率

从社会政策的角度来看,国家希望能够实现低失业率,公众也会把低失业率视为政府执政成功和公平社会的关键指标。然而,"低"是一个模棱两可的表述,它必须相对于某个程度进行定义。有一种观点认为,失业状况应该相对趋同于经济中的长期失业率——即自然失业率来定义。如果完全按照这个观点的话,那么降低失业率是可行的。但问题在于,许多主张实施低失业率政策的人都试图将实际失业率降低至自然失业率以下。尽管这种政策看上去好像是可行的,但通过仔细研究就会发现,这些政策的可行性和可取性都是不确定的。

为了理解这个复杂的概念,请参见图7的菲利普斯曲线。菲利普斯曲线由新西兰经济学家菲利普斯(A. W. Phillips)在20世纪中叶发现,最初是作为一种观察到的规律提出的。菲利普斯注意到了通

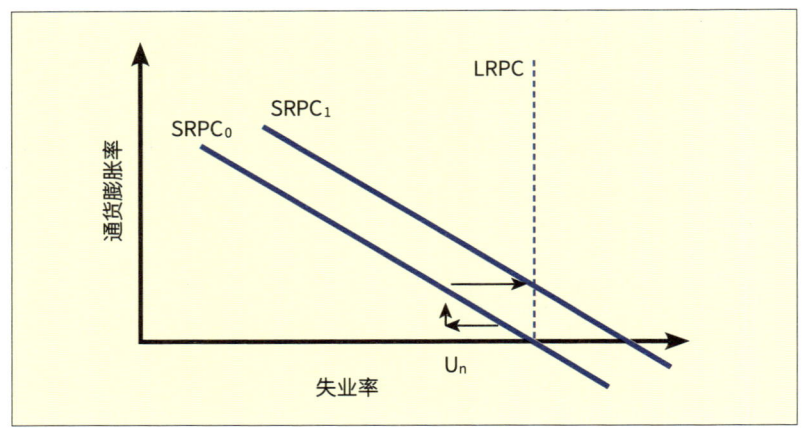

注:当追求低失业率(U_n)时,实际工资的下降会导致短期菲利普斯曲线从$SRPC_0$外移到$SRPC_1$。尽管菲利普斯曲线表现出的是通货膨胀和失业之间的平衡,但从长远来看,菲利普斯曲线依旧是垂直的(LRPC)。

图7 菲利普斯曲线

货膨胀（价格水平的上升）和英国失业率数据的交替——即随着通货膨胀率上升，失业率就会下降，反之亦然。这一发现后来也在美国的数据中得到了证实。尽管在20世纪70年代的石油危机期间菲利普斯曲线曾遭到质疑，但当时的情况极为特殊，因为当时同时出现了高通货膨胀和高失业率的情况。更重要的是，这种交替是可以根据凯恩斯主义对总供给和总需求的分析来理解的。当总需求因外部冲击而转移时，通货膨胀和产量都会上升。而产量的增加会增加劳动力投入的需求，失业率就会因此下降。因此，凯恩斯分析解释了通货膨胀与失业率之间的关系。

然而，有人认为，如果政府试图通过实施政策使失业率低于自然失业率，只会导致更高的通货膨胀，而不会有利于就业水平的提升。

降低通货膨胀

经济学家和老百姓一致认为，通货膨胀对经济来说并不是好事，要尽可能压低通货膨胀率。尽管这已经是大家的共识了，但经济学家之间同样一致认为，目前关于通货膨胀负面影响的解释无法令人信服。一种普遍的解释是，人们希望知道他们退休时的生活成本会是多少。如果物价上涨过快，大家就会很难预估他们未来的财务状况。此外，如果利率跟不上通货膨胀的速度，那么大家储蓄的钱就会贬值。因此，通货膨胀不利于人们储蓄。

还有一种解释，就是认为通货膨胀会加大人们的心理负担。因为即使收入与通货膨胀能保持同步，人们心里也会觉得他们的境况变差了。"菜单成本"就是一个非常好的例子，如果出现通货膨胀，餐馆菜单上的价格就会不断提高，商店里商品的标签价格也会提高,自动售货机上商品的价格也需要进行调整。

另一种解释则基于以下假设,即人们每次去银行,都要花费时间,又遭遇种种不便。如果通货膨胀水平变高,这种情况下人们就要更频繁地去银行并承担更高的时间成本。同理,当通货膨胀率很高时,消费者和商家就不太确定什么样的价格才是合理的价格水平,也就不得不更频繁地"货比三家",这个过程也会造成更多额外的成本。这种解释看似很有说服力,而且非常适用于解释恶性通货膨胀,因为人们在这么一个极端时期里几乎来不及在物价上涨之前领取工资或从银行取钱。但这种解释并没有介绍对低通货膨胀水平带来的不利影响。

在通货膨胀时期,消费者们也要承受一定的心理压力。如果商店把商品价格调高,那么即使人们的收入增加能跟得上通货膨胀,大家还是会觉得生活质量在变差。

高增长率

毫无疑问，每个国家都想实现更高的产出和收入水平，人们会把产量的提高视为一种社会进步。因为至少有一部分人的生活能得益于产量的提高而变得更好，而其他人的生活也不会因此而变差。所以社会大众对实现经济高速增长的做法是认可的，政府也会把提高经济高增长率作为其政策目标。

经济增长指的是一个经济体潜在的产量变化，这一数值的变化一般是通过实际国民收入的变化来衡量。由于经济的增长通常伴随着土地、劳动力、资金和技术等生产要素在数量和质量上的增长，因此，政府自然会想方设法提高这些生产要素的水平。举个例子，政府会向劳动力教育和培训投入资金，通过提高劳动力自身的素质，从而促进经济增长。政府也会给予公司和企业税收减免等优惠，或者降低利率来促进资本的投资。政府还会通过对新生产技术研发，或向公司和企业提供补助来促进经济增长。

然而，关于经济高增长率的可取性目前还存在一些争论。有些经济学家认为，增长可能是解决世界上许多严重经济问题的唯一方法；但也有观点认为，经济增长反而会先导致问题的出现。高增长率反映了一个国家正在走向商业周期的顶峰，紧接其后会出现一段衰退期，又或者可能表明其经济的长期潜力正在上涨。

显然，前者不如后者更可取。此外，经济增长还涉及工业化和公路、铁路等基础设施的扩建所造成的污染、噪声、自然资源枯竭和环境破坏。许多环保主义者认为，从长远来看，经济增长不可持续，因为其中许多资源不可再生，而且环境吸收温室气体和有毒废物等污染物的能力有限。

同样重要的是，要认识到一个国家的增长率并不一定与长期稳定的生产水平相同。欠发达国家的增长率往往高于更发达的国家。例如，1988年印度的国内生产总值是瑞典的75倍，但印度仍然相当贫穷。在这些情况下，考虑到各个国家的特定因素，诸如存在大量非技能型工人和资本存量低的国家，可以预见其增长率会随着时间的推移而下降。

如果政策制定者想通过增加人均长期产量来实现经济短期增长，那么他们唯一的希望就是去改善包括国家的储蓄率、折旧率、人口增长率和技术增长率在内的特定国家因素。

关于民主与发展的争论

无论是从经验上还是从理论上，有许多研究都在探索在经济领域中自由与发展之间的关系。有研究表明，民主其实并不会促进长期的经济增长，但能让收入波动性降低，并使收入分配更加合理。理论上的原因尚不清楚，但一些人认为，是民主带动起了经济的发展，而另一些人则认为，只有经济发展起来，才能实现社会的民主。

经济增长时期的一个积极影响是，政府会加大投入来提高劳动力的素质。

国民收入报告

美国商务部在国民收入和生产账户（National Income and Product Accounts，NIPA）中汇编了本国的收入数据，如表3所示。NIPA提供了包括国民生产总值（GNP）和国内生产总值（GDP）在内许多宏观经济指标的信息。国内生产总值是衡量一个国家（或地区）在一定时期（通常是一年）内生产活动最终成果的指标。该项指标是通过按照市场价格计算的总产出来衡量的，只包括用于最终消费或投资（资本）的商品。一方面，外国人在美国国内市场获得的收入会被纳入国内生产总值，但是美国公民在国外拥有的投资和财产所产生的收入是不会包括在国内生产总值中的。另一方面，国民生产总值指的是国内生产总值加上美国公民国外净要素收入再减去外国人在美国获得的收入后的总价值。

国民生产总值又分为名义生产总值和实际生产总值。名义国内生产总值是指一定时间内所生产的商品与劳务的总量乘以"货币价格"或"市价"而得到的数字，反映的是既定时期国内总产品和服务的市场价值。为了让不同的商品和服务具有相同的美元估值，名义国内生产总值的计算必须要乘以特定的价格。由于商品总价值的变化既有可能来自商品总量的变化，也有可能来自价格的变化，所以名义生产总值不能用来反映两者随时间变化所产生的变化。而实际生产总值则可以，因为它是通过基准年的价格计算出来的当年全部最终产品的市

如果个人在自己的土地上工作，而不是在公开市场上聘用其他人为他们工作，那么这项工作可能不会出现在国民收入账户报告中。

表3 1996—1998年美国实际国内生产总值在与之相关数据中的占比情况（单位：%）

	1996年	1997年	1998年
国内生产总值（GDP）	3.4	3.9	3.9
个人消费支出	3.2	3.4	4.9
耐用品	6.3	6.8	10.2
非耐用品	2.4	2.4	3.9
服务	3.0	3.2	4.3
国内私人投资总额	8.8	11.3	10.3
固定投资额	8.8	8.3	11.4
非居民的	9.3	10.7	11.8
居民的	7.4	2.5	10.5
企业库存变化（CBI）	……	……	……
商业和服务的净出口额	……	……	……
出口	8.5	12.8	1.5
货物	9.7	15.4	2.2
服务	5.6	6.6	−0.2
进口	9.2	13.9	10.6
货物	10.0	14.7	11.5
服务	5.4	9.9	5.8
政府消费支出和总投资	1.1	1.3	0.9
联邦的	−1.1	−1.6	−1.0
国防的	−1.3	−3.2	−2.7
非国防的	−0.5	1.7	2.4
州和地方的	2.4	3.1	2.0
附录：			
国民生产总值（GNP）	3.4	3.7	3.7
个人可支配收入	2.8	2.8	3.2

场价值,保持了价格的稳定,使得任何变化都能反映出商品和服务水平的变化。

尽管政府部门考虑到了方方面面的收入来源,但国民收入和生产账户依然无法面面俱到地反映经济形势,因此也无法准确预测经济的走势。

像家庭主妇和那些自由职业者,他们的劳动是没法进行标价的。而且这些数据还不包括因休闲、污染和垃圾造成的生态成本(如消费者经历了自然灾害过后,在家园重建过程中的支出)等"坏事"和"好事"。而且政府部门还无法提供地下经济的数据。例如,像工人收到现金报酬或其他小费时,他们会隐瞒有关收入的信息进行避税,实现利益最大化。

像非法移民的劳动所得往往也不会出现在国民收入和生产账户里。而地下经济最有代表性的例子,就是进行非法商品买卖的黑市了。例如,在出现定量配给的时候,商品在黑市上会以高于规定的价格出售。诸如毒品以及那些偷税漏税的非法跨境走私品也会在黑市上出售。像这些非法的行为是不会被计入国民收入和生产账户中的。所以说,国民经济衡量的不是国民福利,而是有组织的市场活动。

国际收支平衡

国际收支平衡账户显示的是该国净出口水平——国内出口的商品总量减去该国进口的外国商品总量。实际上它是一个国家与世界其他地方的贸易记录。简单地说,当一个国家出现国际收支逆差时,它的进口多于出口。同样,当它经历国际收支顺差时,它的出口多于进口。

当国家处于国际收支逆差时,政府决策者会感到非常担忧。因为持续出现进口多于出口的情况意味着,国内市场对本国商品的总需求较少,这也会导致就业水平的下降。而且由于国际收支账户出现赤字,这个国家将不得不通过出售外汇、房地产、政府债券或股票等资产,为那些超过出口价值的进口商品买单。最终,还可能会导致国家不得不贬值其货币,或者阻碍外国商品的进口,来消除国际收支逆差。除此以外,政府还可以通过增加关税(即进口税),使国内商品比外国商品更具价格优势,增加国内商品的吸引力,从而刺激市场对它们的需求。

联邦预算简介

美国联邦政府每年都会公布国家预算——一份长达几百页的文件。这项预算对美国经济增长和停滞、就业和失业、通货膨胀和通货紧缩以及通过税收和转移支付实现的收入再分配都具有巨大的影响力。

联邦政府预算文件列出了预期的联邦收入——以所得税、社会保险税、公司和消费税等以税收形式缴纳给政府的钱。还会列出下一年政府在国防、法律和秩序、社会保障金、公共债务净利息等方面的支出。列出以上数据的目的是，确保联邦政府的收支对等，保证预算的平衡。此外，这份文件里还要包括往年预算信息的表格汇总。

在20世纪的大部分时间里，美国联邦政府经历了从预算盈余（收入大于支出）到对预算赤字（收入低于支出）的变化。这导致了联邦债务总额（即国家债务或公共债务）到20世纪80年代末，已接近国民生产总值的56%。这笔债务是美国政府欠银行、各机构和投资者们的钱。不过在经历了几年的高增长、低失业率和低通货膨胀后，1999年联邦预算迎来了30年来的首次盈余。

20世纪的美国也见证了联邦、州政府发挥着越来越重要的作用。举个例子，从1929年到1989年，政府总支出从原来仅占国民生产总值的10%上升到了32%，政府收入从原来的占比11%上升到了30%。这表示，有大约三分之一的国民生产总值都会流经联邦政府、州政府之手，这也反映出美国俨然已经成为一个混合经济体。

把各联邦机构所有联合提出的预算请求汇总后，以总统预算的形式提交给国会。

预算的历史

从19世纪初到1921年，国会一直在想方设法限制中央政府的权力。而导致的结果是各联邦机构后来直接向国会提交自己的预算申请。对此，总统无法控制这些预算的规模和组成，也无权进行修改。

但在1921年《预算和会计法》(Budget and Accounting Act)颁布后，行政预算得以确立。自此，规定了由总统（而不是个别联邦部门）向国会提出预算请求。各个联邦机构的所有预算请求都被合并在一起，所以这也被称为"总统预算"。

后来，联邦政府的作用和职能（相较于州和地方级政府）得到了加强。最显著的权力集中出现在20世纪30年代时期，时任政府为了应对大萧条而推行了"罗斯福新政"。而到了20世纪六七十年代，权力更是进一步向中央政府归拢，随着联邦政府作用的加强，总统预算的影响也得到了相应的扩大。

自20世纪30年代罗斯福新政以来，国会会对总统预算目标中各联邦项目及其收益进行评估，再进行资源的分配。不过最终的决定是在总统提出的框架内做出的。尽管总统预算的某些方面可能（而且经常）会被国会否决，但该整体框架从未被完全否决过。

国家的作用

亚当·斯密认为，政府的作用和职能应仅限于国防工业、司法管理、维护良好的道路和通讯，以及提供教育和宗教指导。如果美国政府的作用仅限于这些职能，那么它只需要收足以下几个方面的税款就可以了：

- 国防开支，即军人工资；装备的采购、运行和维护；研究与开发；军事设施的建设、住房保障等。
- 司法管理，即联邦执法；联邦警察的行动和诉讼；监狱管理等。
- 包括培训和就业在内的教育支出，即发放给初级、中级和职业培训的经费，以及发放给高等教育、科研以及普通教育的援助经费。
- 一般政府职能和行政管理方面的支出。即用于政府立法、中央管理、中央司法运作、普通档案和财产管理以及财政管理和相关活动所需的费用。

美国政府上述职能的花费实际上只占了1989年联邦预算总支出的38％左右，到1995年更是只占了预算支出的30％多一点。显然，联邦、州和地方政府在现代的角色和职能已经远远超出了亚当·斯密最初的设想。

甚至在上述"核心"职能范围内，政府活动的种类和范围都已经显著扩大了。在上述职能以外，当今时代的政府还兼具了其他各种各样的职能。除像偿还国债时需要支付净利息（支付对象为持有国债的银行、机构和投资者）这样的职能外，还有许多被归入"公共福利"和"经济发展"类别的职能。

公共福利主要是指为公民提供收入保障——退休和残疾保险、失业补偿、住房补助、食品发放和营养援助等。

经济发展则可以为关键的经济活动提供支持。包括鼓励公司和企业的投资、产品研发、企业退税和产业政策的补贴等。像对教育和卫生健康这类人力资本的支出也可能属于这一范畴。

净利息必须支付给那些持有国债的银行、机构和投资者。

政府的额外开支也会用于支付政府强大的监管职能——包括管理监管机构，控制垄断价格，防止银行和证券滥用职权，保护消费者利益免受不安全产品的侵害等。

司法管理一直以来都是政府的一项重要职能，所以政府必须通过足够的税收来确保正常履行这一职能。

政策工具

经济学家之间最早的争论之一就是使用财政政策还是货币政策作为影响经济的工具。这是政府在循环收入模型（财政政策）和货币市场（货币政策）之间二选一作为自己工具的一个情况。

财政政策是通过税收或政府支出来刺激经济活动的。政府可以在增加支出的同时减少税收来刺激总需求——因为人们口袋里会有更多的钱，可以去购买更多的商品和服务。政府也可以采取收紧的财政政策，减少公共或政府支出的同时增加税收来抑制总需求，当经济正走向商业周期顶峰的时候就可以用这种办法进行调节。

而货币政策则是通过改变货币的总量、汇率、利率来影响经济。政府可以通过控制货币供应的增长量来控制总需求，从而控制通货膨胀；政府也可以调整名义利率来降低借贷成本，例如通过下调利

公共债务占产出的百分比

在20世纪90年代，美国国会就平衡预算的必要性以及如果出现预算盈余偿还债务的必要性进行了讨论。这场辩论引人注目，是因为自20世纪70年代末以来美国的债务一直在增长。如果从绝对水平来看，美国债务增长可能比以往任何时候都要高，但如果用产出的百分比来衡量，这一增长还尚未导致债务比率达到历史高位。如图8所示。请参见巴罗（Barro）和罗伯特（Robert）的《宏观经济学》（*Macroeconomics*）。

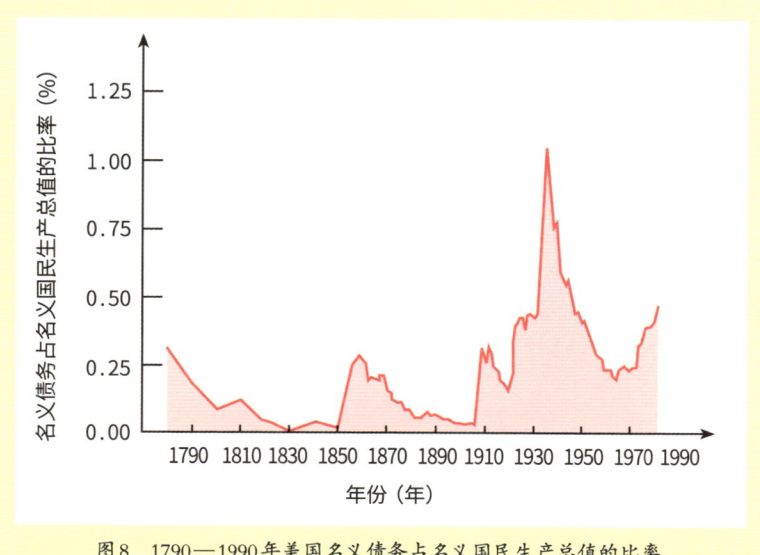

图8　1790—1990年美国名义债务占名义国民生产总值的比率

率让企业可以把更多的钱花在发展生产资料上；政府还可以通过货币政策操纵本国货币的汇率。例如政府可以让本国货币贬值使自己的出口商品比外国进口商品更便宜，从而刺激国内市场的需求。

如果政府奉行的是财政政策，那么政府可以采取减少税收或者增加公共物品和服务的支出等手段来刺激经济。但无论是哪种方式，其本质都是让更多的现金流入经济市场。

自20世纪70年代以来，人们关注更多的永远是政策工具的选择而不是政府影响经济的能力。因为当劳动力市场出清（译注：市场出清是指商品价格具有充分的灵活性，能使市场需求和供给迅速达到均衡。）且劳动力需求等于供给时，就会实现工资和就业水平的平衡。在这种情况下总供给曲线是垂直的。如图9所示，在相同的就业水平下总需求曲线的移动会导致更高

如果政府决定花钱刺激总需求，那么人们口袋里就会有更多的钱用来购买商品和服务。

的价格水平。在这种情况下，假设劳动力市场实际上存在刚性，那么，如果实际工资高于平均线，就业水平就会低于均衡线。随着物价上涨，实际工资减少，就业水平就会提高；这也会导致出现一条斜率为正的总供给曲线。因此，当总需求向外转移时，产量就会增加。在这种情况下政府政策就能对产量造成影响。

　　如上所述，财政和货币政策都可以被政府用来改变总需求，从而改变产量。不过财政主义与货币主义争论的核心是政府政策如何对经济中的货币需求造成影响。

　　财政主义学者认为，利率变动对货币需求的影响非常大。利率的小幅下降会使借贷成本

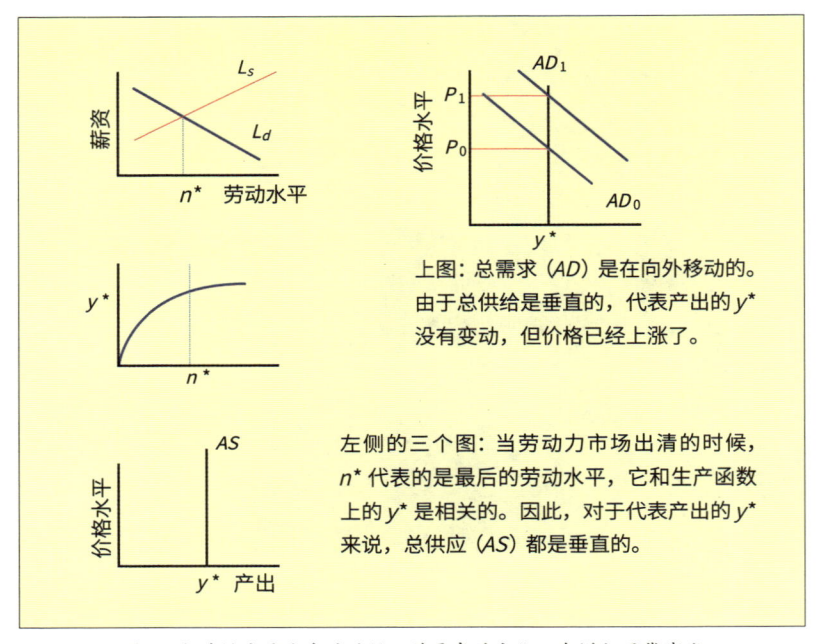

图中左上：薪资，L_s，L_d，n^* 劳动水平
图中左中：y^*，n^*
图中左下：价格水平，AS，y^* 产出
图中右上：AD_1，P_1，P_0，AD_0，y^*

上图：总需求（AD）是在向外移动的。由于总供给是垂直的，代表产出的 y^* 没有变动，但价格已经上涨了。

左侧的三个图：当劳动力市场出清的时候，n^* 代表的是最后的劳动水平，它和生产函数上的 y^* 是相关的。因此，对于代表产出的 y^* 来说，总供应（AS）都是垂直的。

图9 当总供应是垂直的时候，总需求的变化只会增加通货膨胀

降低。这将增加消费者对现金的需求，并将大幅增加产量。因此，如果政府实施财政扩张，扩大经济需求，产量的增幅基本就是由政府政策的力度来决定的。

然而货币主义学者则认为，利率变化对货币需求的影响并不大。利率的下降不会使货币需求增加太多，扩张性财政政策也只会以很小的幅度提升产量。因此货币主义者认为，用积极的货币政策来刺激经济是一种更有效的机制。

因此在面临高失业率的时候，政策制定者有多种选择。他们可以选择实施财政政策，通过增加政府支出或减税来提振总需求，也可以选择实施货币政策，通过降低利率或增加货币量来提振经济。

同样道理，在高通货膨胀率的情况下，政府必须在削减政府支出、增加税收和加息并减少货币供应量两者之间进行选择。

支出与税收

如果政府决定要推行一项财政举措，就必须同时决定好如何去落实。如果政府决定了要提振经济，那么就可以选择采取减少税收的手段，例如降低所得税和企业税的税率，有效增加消费者和企业的收入，让他们可以有更多的钱去消费和投资。此外，政府还可以加大对治安、教育和医疗保健项目等公共产品和服务的支出。这类支出不仅可以为社区的发展带来广泛的好处，也意味着向经济市场注入了更多现金，还会像减税一样起到提振总需求的效果。

利率与货币

政策制定者还可以通过货币政策的两种手段来刺激经济或防止经济过热：一是调整名义利率从而调整企业的投资；二是控制货币供应从而控制货币市场平衡。

一旦选择了以上手段，政府就必须把控好力度。如果政府的目标是实现商业周期的最小化，那么调整名义利率和货币供应都不是最佳的选择。因为这个时候经济会面临货币市场平衡和投资支出平衡的双重冲击。政府最好的解决方法是使用混合手段和固定名义利率。固定名义利率可以消除冲击对经济的影响，而固定货币供应量会迫使利率出现上升或下降，也能在一定程度上抵消对消费行为的冲击。但只有采取能同时对货币供应量和利率进行调整的方法，才可以最大限度地减少对支出和投资的干扰。

财政政策中的问题

政府在实施财政政策时,常常会引发一些争论。有些争论是关于理论的,但争论得更多的是现实的具体情况。

19世纪初,英国著名经济学家大卫·李嘉图(David Ricardo)提出,不管政府是通过增加税收还是负债来支付其开支,其实都并不重要。这种观点在当时受到了批评,而批评他的人认为,政府如果陷入债务就会使未来经济的财富减少。

不管是理论还是实践,把税收水平定下来都并非易事。政府设定税率的目的是增加自身的财政收入。但是提高税率有时反而会导致财政收入的损失。美国总统里根的顾问亚瑟·拉弗(Arthur Laffer)也证明了这一结论。

图10所示的拉弗曲线(Laffer curve)显示了对收入征税时的最优税率。如果税率为零,则增加的收入必然为零。随着税率的提高,更多的收入会归政府所有,税收也会因此增加。而税率的提高也会导致个人的收入减少,人们的工作积极性也会降低。个人工作积极性降低最终又会反过来阻碍税率上调想要实现的目的,使得税收收入也会随之下降。因此政府要找到一个能使自身财政收入最大化的

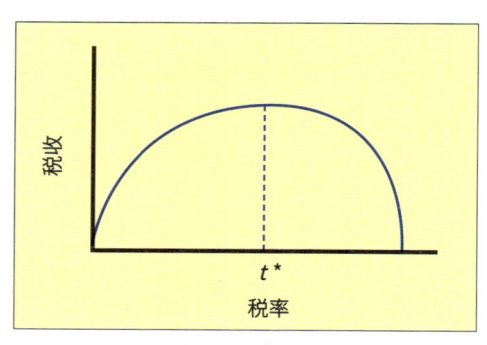

图10　拉弗曲线

最优税率。

货币政策中的问题

货币政策是由中央银行制定的。中央银行不是个人存钱的地方，而是用来给银行存钱的。中央银行的客户通常也都是正规的主流银行。国家通常会强制要求各银行将钱存入中央银行中去。这也为中央银行在决定货币供应量和利率方面提供了垄断权。中央银行负责人通常被称为央行行长。

尽管中央银行是独立于政府的机构，但在某些国家的中央银行甚至会比其他国家表现出更多的独立性。打个比方，如果央行行长的任命工作需要得到在职官员的批准同意，那么行长工作的独立性就很值得怀疑。

在美国，中央银行被称为美联储（FED），美联储主席就相当于央行行长。美联储主席由总统任命并经由参议院批准通过。这个职位任期一般为14年，除非是中途接替别人上任，否则美联储主席是不能连任的。货币政策的制定工作不能由主席单独完成，需要由联邦公开市场委员会（FOMC）制定。联邦公开市场委员会由12名成员组成，分别是7名（包括主席在内）被任命的联邦储备体系理事会理事和12位储备银行行长中的5位行长。

经济政策的实践

为了了解经济活动的许多变化，政策制定者会收集和研究各种数据或宏观经济指标——产量、价格和失业的衡量标准。尽管许多国家使用相同或类似的指标，但以下所有指标均指美国的指标。

产出的衡量

衡量产出的数据指标是国民收入和生产账户的一部分。

- 国民生产总值（Gross National Product，GNP）是衡量美国居民在美国境内外生产的所有终端商品和服务的市场价值，以及在特定时期（通常为一年）内美国居民在美国境外拥有的公司所赚取的利润。在过去，美国一直把国民生产总值视作国家产出的先行指标，直到1992年美国政府才效仿其他国家，开始将国内生产总值作为国家产出的先行指标。

- 国内生产总值（Gross Domestic Product，GDP）是指在美国境内生产的所有最终商品和服务的市场价值，无论其所有权归谁。

- 国民生产净值（Net National Product，NNP）是指由美国居民提供的劳动力和财产所生产的商品和服务的市场价值。它是由产量减去货币贬值计算得出，它等于国民生产总值减去固定资产折旧后的余额（或投资总额减去用于生产实际产出的资本）。值得注意的是，国民生产总值包含了总投资额，而国民生产净值里则包含了净投资额。

价格的衡量

消费者物价指数（CPI）是衡量物价水平的一个重要指标。它反映了各种不同因素如何冲击经济，例如恶劣天气会对普通家庭的经济状况造成打击。消费者物价指数是由美国劳工统计局（BLS）编制，通常上个月的消费者物价指数会在本月中旬左右发布。美国劳工统计局会通过测量一篮子商品（涵盖了家庭购买的300多种典型商品）的价格，并对这些商品的使用程度进行加权，将这些商品的价格进行汇总编制。

美国劳工统计局启用了一个使用几何平均值的实验性消费者物价指数。因为传统的消费者物价指数是用固定权重来表示商品使用的百分比，而固定权重会带来一个问题，即如果商品价格出现明显上涨时，人们转而寻求替代品。因此固定权重不能固定，必须由物价水平来决定。

失业率的衡量

失业率也是由美国劳工统计局衡量。上个月的数据会在下个月的第一个星期五公布。为了收集这些数据来确定失业率，美国劳工统计局会对大约6万人进行调查。这个比率是指失业人数占总人数的百分比。

部分人群不包括在失业率数据里：例如那些不属于劳动力的人，即那些未满16岁或高于该年龄但既未就业也未寻求就业的人，那些渴望工作但由于家庭责任而无法工作的人，以及那些认为没有工作适合自己、因此不找工作的人，他们都不能算作劳动力。此外，还有部分人是因为统计不到而被排除在外。这是因为美国劳工统计局是通过打电话给住户开展调查，而流浪人员一般没有住房和电话，因此不能将这些联系不上的人包括在失业率数据里。

供给经济学

里根政府在20世纪80年代推广了供给经济学。这一学派的支持者认为，政府不能通过传统的凯恩斯主义的手段——通过总需求来影响经济活动。他们认为总供给曲线是垂直的，因此产量只能通过提高供应量来增加；他们还认为降低税率仍然可能增加税收收入。里根的经济顾问亚瑟·拉弗则表示，如果税率过高，通过这种税收水平带来的财政收入实际上会超过因工作积极性下降而导致的收入损失。然而，这一经验性观察结果目前在美国尚未得到证实。初步估计的结果则与之相反：可以在不减少财政收入的情况下大幅提高税率。瑞典的案例表明，能使税收收入最大化的税率是70%左右。还有研究发现，除了几项最重要的税收，里根的减税政策降低了政府几乎所有的税收收入。

美国政党的偏好

重要的是要记住，一些政府目标会相互排斥。也就是说，一个政策追求的目标可能会妨碍或不利于另一个政策的实施。举个例子，那些倾向于减少失业和促进经济增长的政策可能会导致通货膨胀，反之亦然。因此，政府必须做出取舍。

美国最大的两个政党分别为共和党和民主党。这两个政党由形形色色的政治家组成，但总的来说，共和党在政治和经济上比民主党要保守一些。因此，他们倾向于优先考虑或选择不同的经济目标。例如，共和党人通常更倾向于降低通货膨胀而不是减少失业率，而民主党人更倾向于增加就业。这种差异在竞选期间尤其明显，共和党人的竞选口号通常是降低通货膨胀率，而民主党人则是降低失业率。如图11所示，民主党在任期中段的平均增长率会高于共和党，但会在任期结束时与共和党持平。

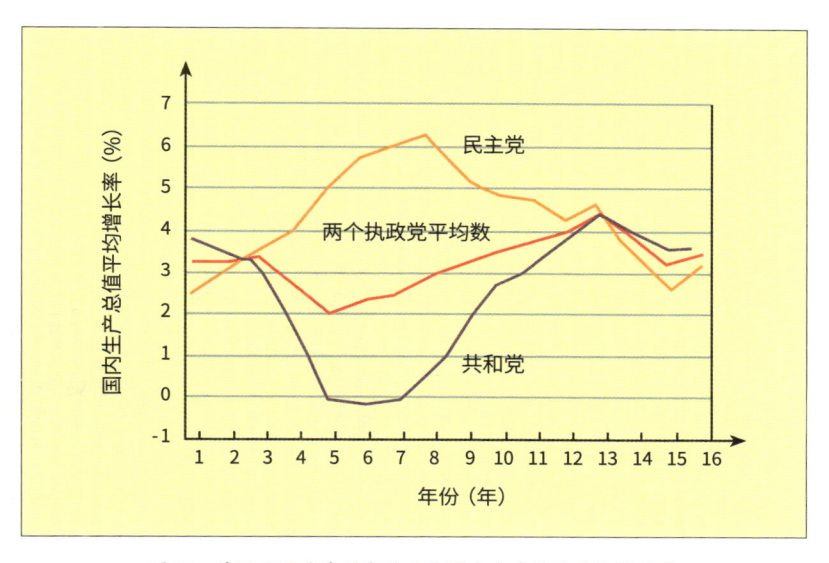

图11　美国不同政府时期的平均国内生产总值平均增长率

政府和个人

政府的经济政策与公民个人之间的关系,是经济学家关注的一项基本问题,这也是政治辩论中的一个关键领域。

对所有公民来说,政府与个人之间的关系非常重要。在现代国家中,自由企业通常在这种关系中发挥核心作用。一般来说,在民主体制下,公民个人能够对政府的政策施加一定的控制,但情况并非总是如此。随着历史的发展,在许多国家中,这种关系已经发生了根本性的变化。

政府与人民之间的经济关系对双方都至关重要。它引发激烈辩论的原因有两个:一是在我们审视国家如何组织社会时,这一关系是关键所在;二是对于政府的政策是否在现实世界中真正发挥了作用,这很难定义。政府的政策、支出和税收对个人有什么样的影响呢?对于能够选举政府的公民而言,不同的政策选择会带来哪些影响?在教育、基本医疗保障、住房和最低生活标准方面,政府对公民负有哪些

人们排队买咖啡。政府监管会影响我们生活的方方面面,例如美国对从拉丁美洲进口的咖啡征收关税。

责任？这些都是反复出现的问题。

宏观经济目标

大多数经济学家认为，政府有四大宏观经济目标：保持稳定的经济增长、低失业率、稳定的物价，以及长期保持进出口流动和资本账户的总体平衡。人们也赞同政府应该干预经济，以纠正市场失灵和外部效应，提供公共物品，并在一定程度上重新分配收入。

即使在达成广泛共识的领域里，也存在相互冲突的想法。例如，对于维持经济中的充分就业或稳定物价，政府财政和货币政策能够发挥多大的作用。大多数经济学家都同意，紧缩的货币政策能在一定程度上控制通货膨胀；大多数专家还认同，像增加政府支出这样的积极财政政策将在一定程度上促进就业。然而情况并非那么简单。在任何时候，政府执政的主要政策目标和优先事项会影响到社会的方方面面。如果政府推行政策增加公共服务支出，那些靠福利金生活的人和失业人群会受益，而那些从事高薪工作的人可能更愿意看到减税和政府缩减支出。政府优先考虑哪个方面呢？是否有合理的经济方案而非政治方案来解决这一困境？

当然，这种辩论并不仅限于经济学家和政客之间，它也是整个社会辩论的一部分。在民主社会中，个人的自身利益对于政府决策也发挥着重要作用。期望当选的政客有时会对经济政策做出不明智的承诺，以至于产生负面后果。谋求连任的政府也可能试图通过不明智地扩大支出来营造一种让人"感觉良好"的氛围。一些国家的政治辩论往往会放大两党在经济政策上的差异，而事实上往往会反映出更大范围、通常是国际性的政策趋势。

本章着眼于政府政策对公民产生影响的领域：首先是在税收方

面；其次是控制市场的政策方面；最后是在更广泛的背景下，利用经济政策促进平等和改善社会条件。

税收和支出

对于大多数人来说，经济政策影响他们生活的最明显方式是税收和政府的直接支出（参见税收）。当政府在干预一个经济体时，他们会通过税收获得资金，提供某些不在市场供应的商品与服务。显而易见，政府对征税人群的选择、税收的设定水平，是直接还是间接征税等，都会对公民产生影响，同时也会对政府如何使用税收带来影响。

在许多国家中，政府花钱是为了实现更公

医疗和福利支出是政府和个人关系的重要组成部分。

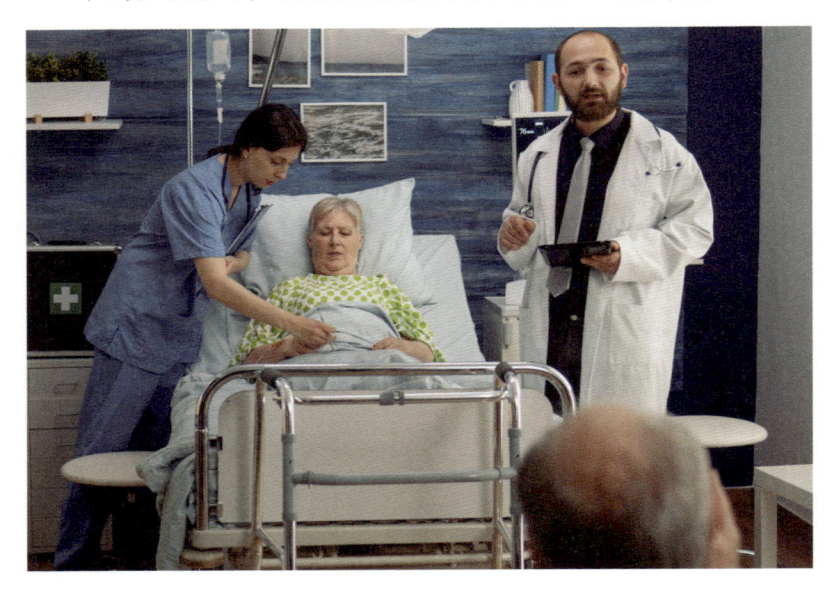

平的社会收入分配,但是他们的政策力度会有所差异。这种类型的再分配计划可能包括提供社会保障体系、失业保险和福利援助。

在美国,联邦税收的最大来源是对个人、企业的所得收入征收的税金。如图12所示。这些税收是阶梯式递增的,这意味着收入较高的个人要缴纳的税款占其收入的比例更高。然而,所得税并不是美国公民需缴纳的唯一税种,他们还要向社会保障局、州和地方政府支付额外税款。州政府的主要收入来源是对消费品征收的营业税,而地方政府和市政当局则依靠财产税带来收入。

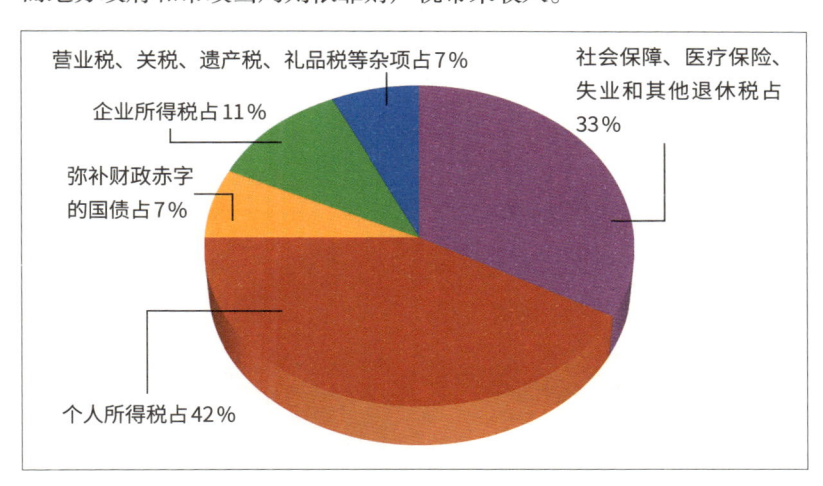

营业税、关税、遗产税、礼品税等杂项占7%
企业所得税占11%
弥补财政赤字的国债占7%
个人所得税占42%
社会保障、医疗保险、失业和其他退休税占33%

图12　1997年美国联邦税收来源

消费税

许多经济学家认为,最好的税收是征收难度最低并且对经济影响最小的消费税。他们认为所得税或营业利润税应尽可能减少。然而,大多数国家的政府认为税收制度有助于重新分配收入,这也是政府政策的主要功能。

一旦实施征税,政府就面临决定如何花钱的艰巨任务。1997年,美国联邦政府将其收入的63%投入了为公民提供直接福利的项目。如图13所示，37%的收入用于提供社会保障福利和针对老年人、残疾人的医疗健康保险，还有18%用于社会项目，其余8%用于健康、个人和社区发展。最后两类包括政府在提供道路、学校、公园、电力、供水和社会项目方面的支出。从经济角度看，政府的这些支出是为了弥补市场的缺陷，比如公共产品以及外部效应。

值得注意的是，美国政府将其收入的15%用于债务融资。如果没有足够的资金来资助他们想要实施的所有项目，政府就会负债。为了克服收入短缺，他们可能会从世界银行或国际货币基金组织等国际贷款机构借钱。这些贷款必须连同利息一起偿还，这些债务在许多国家的支出中占据很大比例。

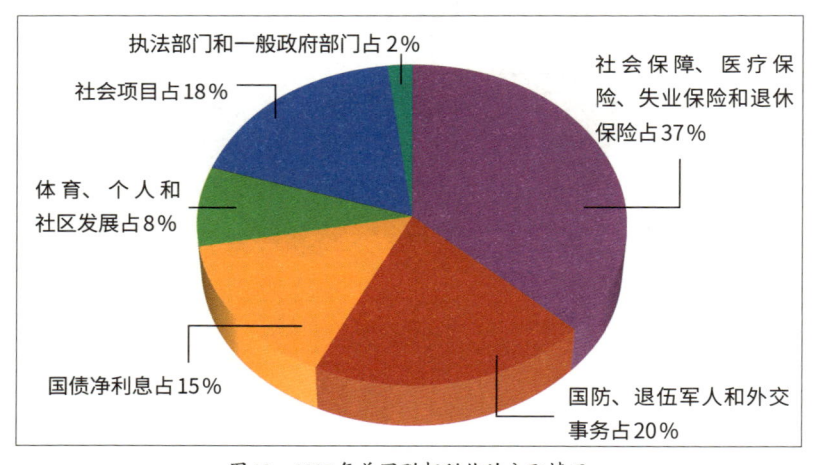

图13　1997年美国联邦税收的分配情况

市场调节

如果说，税收和财政直接支出是个人与政府之间最明显的联系，那么政府对市场的监管就不那么明显了，但是对于维持经济健康以及保护消费者个人权利而言，这种监管非常关键。新古典主义经济学模型提出，如果所有市场都存在完全竞争，就可能催生最好的社会产出。然而，在现实的商品和服务市场中，完全竞争，甚至连近乎完全的竞争都很少见。如果资源配置没有达到应有的效率，那么不完全竞争的存在会影响个体消费者和生产者。

例如，当市场上特定的商品只有一个卖家或买家时，就会发生不完全竞争。只有单一卖家的情况被称为垄断。由于商品只有一个卖家，他掌握价格并成为价格制定者。一个例子是戴比尔斯（DeBeers）钻石公司，作为世界上为数不多的钻石销售商之一，它能够控制钻石的价格。

通过收取更高的价格，垄断可能会把无力购买某种特定商品的人群排除在外。政府经常介入并规范垄断企业的行为。例如，为了公共利益，政府可能会迫使垄断企业调低商品价格。政府也可能迫使垄断企业分拆或放松对行业的管制。如果一个垄断企业被分拆，它能将其业务拆分为多个小块。对行业管制的放松意味着政府积极鼓励其他公司开始生产相同的商品并成为市场上的竞争对手。为实现这一目标，政府可能会向新公司提供激励措施，如免税或补贴。

自然垄断的情况略有不同。如果提供某种服务或商品时的平均成本非常高，那么一家公司将所有的钱花在了基础设施、开销和生产上，也是说得通的，这就是自然垄断。设想一下每天将水或电输送到你家所需的整个基础设施，这显然代表着巨大的投入成本。由几家公司各自承担这种成本是没有意义的。相反，一家公司承担全部成本并提供服务。然而即使是自然垄断，企业也会受到政府的监管，以确保价格不会过高。

国家经济

买方垄断

当商品或服务只有一个买家时也会发生不完全竞争，这种情况称为买方垄断。买方垄断通常发生在可能只有一个雇主的劳动力市场，就比如说，你当地的城镇只有一家工厂可以为居民提供就业机会。因为工厂是该地区唯一的雇主，所以它有权力随意设定工资水平。因为雇主会意识到镇上的求职者几乎没有其他工作机会，所以很可能将工资定得很低。在某些情况下，工人的工资可能会低至无法养活自己或家人。为防止这种情况发生，政府有义务介入并规范买方垄断行为。特别是，政府可以通过立法来为工人设定最低工资。这是保护工人免受剥削的一种手段。

劳动场所通常受到政府的严格监管，从而在工资发放和工作条件方面保护劳动者。

政府和个人

提供公共物品

政府通过提供公共物品、混合物品和有价值的物品来干预经济也很重要。无论他们的政治观点如何，所有国家的政府都会将部分支出分配给公共物品。如果他们不这样做，那么就不会有国防，也没有法律和秩序。大多数政府还试图供应一些混合和有价值的商品，例如支付免费或补贴性质的教育费用。

公共物品在消费上还具有非排他性和非竞争性的特点。非排他性，意味着不可能排除其他人享用同一资源。例如，无法阻止人们使用海滩或公园等这些设施。同样，一旦修建了道路，就不可能避免其他人使用它。

如果一种商品在消费上具有非竞争性，这意味着一个人的消费不会减少可供其他人消费的数量。打个比方，你参观公园，并不意味着我不能参观

非竞争性商品和竞争性商品。海滩被归类为公共物品，因为所有人都可以使用它。而另一方面热狗则是竞争性商品。一旦它被卖光，其他人就吃不到了。

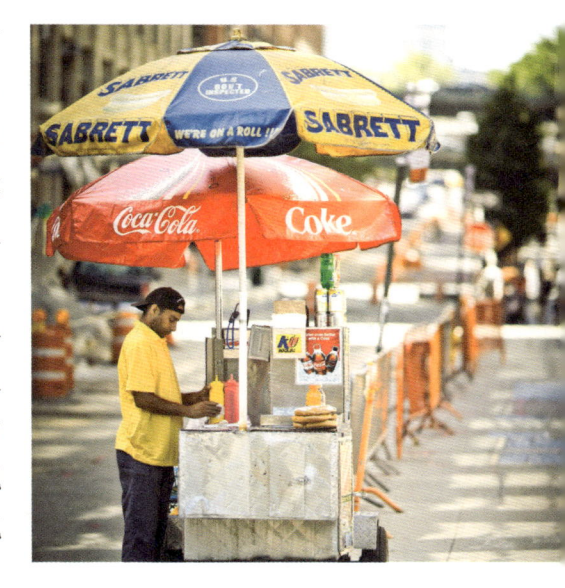

47

公园，我们都可以完全享受整个公园。同样，我在路上开车并不能阻止你在同一条路上开车。这明显不同于买热狗等商品。如果你吃掉一个热狗，我就不能吃同一个热狗。热狗就是竞争性的消费品。

公共物品往往也是不可分割的，并且是集中购买的，不可能将它们分割成一份份地在市场上出售，因此市场定价机制无法正常运行。这一点很重要，因为市场机制通过价格和需求之间的关系，来表明消费者准备为某种特定商品支付的金额。

搭便车

只有当消费一种商品使真正购买它的人得到好处时，市场定价才能奏效。假设一种商品的好处即使不购买也能享受，那你会付费还是尝试"搭便车"呢？以路灯为例，假设你住在没有路灯的街道上。一家私人电力公司来到你的社区，调查每个家庭准备为路灯支付多少费用。你知道不管你是否支付，一旦安装了路灯，你的家庭都会受益，所以你可能倾向于你不愿意支付或只支付少量的钱，希望附近的其他人都愿意买单。这种行为被称为"搭便车"——你尝试享受由他人付费的服务。

搭便车的问题是，你附近的每个家庭都可能和你想的一样，他们都会少报愿意为这项服务支付的金额。电力公司的愿望是使其利润最大化，因此在这种反应下电力公司可能根本不愿意提供任何服务。因此市场上这类商品将供应不足。因为市场机制不能对公共产品进行合理定价，分配给它们供应上的资源太少，所以最后结果是低效的。国家的职责是介入并提供公共物品。公共物品还包括司法系统、警察、国防部队、灯塔、公园和免费公共交通。

混合物品

政府还提供一些虽然可能具有公益元素，但不是严格意义上的公共物品。它们有时被称为混合商品，其中的例子包括免费教育和医疗保障。如果教育是普遍和免费的，那么它就具有非排他性。任何适龄人群都不能被排除在受教育人群之外。然而，免费教育在消费上并不一定具有非竞争性。教育名额的空缺数量有限，由于每个名额都由一个学生填补，这减少了其他学生的名额。实际上，教育和医疗保障并不总是免费提供的。需要收取学费或健康保险费的地方可能会将某些人排除在外，尤其是较贫穷的社会成员无法享受这些服务。

学校是混合物品，通常由政府提供。

提供有益品

有益品是那些无论个人偏好如何都被认为是值得社会拥有的商品。换句话说，即使我们自己可能并不希望消费它们，但我们还是觉得这种商品对社会产生某种价值。博物馆是一个

很好的例子。虽然我们可能并不都喜欢参观博物馆，但大多数人会认为它们是社会文化和历史的宝贵组成部分，政府应该提供这些资源。但是由于私人偏好和社会利益之间存在差异，市场提供的这些商品不足，因此需要政府提供这些商品。通过补贴或提供这些商品，政府破坏了消费者主权的概念。它扮演了一个聪明、无所不知的代理人角色，比公民更清楚什么样的东西才最符合公民的利益。

位于华盛顿特区的航空航天博物馆，就是一个有益品的例子。

同样，有害品是指，即使个人可能希望消费它们，但我们认为对社会有害并且应该以某种方式（通过税收或费用）予以惩罚的商品，例如酒和烟。这些商品需缴纳相对较高的政府税收，这种措施旨在限制个人消费。尽管社会上的个人可能有吸烟和饮酒的偏好，但政府会忽略这些偏好以实现它认为最符合社会利益的事情。

外部效应

外部效应也称为溢出效应,当发生在市场之外的交易或交换发生时,这意味着它们不会被价格所管控。外部效应的存在导致市场出现缺陷且经济效率低下,它也对个人有着直接影响。

在追求自身利益的过程中,个人做出选择并采取某些行动,这些行动不仅对自己而且对周围的其他人都有影响。个人为商品支付的价格反映了他们从消费中获得的满足感。然而,他们对某种商品的消费可能会影响周围其他人。他人受到的损害或他们从中享受的利益并未反映在个人为该商品支付的价格中。因此,对某种特定商品的偏好并不能准确衡量其对社会的价值。这种情况下价格机制失灵,产出也很低效。

积极外部效应

外部效应可能是积极的,也可能是负面的。当一个人的行为给他人带来了积极的利益,但获得利益的他人并没有为他获得利益付出任何代价时,就产生积极外部效应。例如,假设你的邻居有一只凶猛的看门狗,但你家没有。那么小偷会对闯入你的邻居或你的房子三思而后行,因为狗很快就会提醒你小偷来了。邻居的养狗行为给你带来了福利,但你没有为这项福利支付任何费用。你享受的好处并没有反映在邻居为买狗或照顾动物支付的钱上。这是一个积极外部效应。如果市场机制运行良好,从理论上讲,你作为受益人应该准备好向邻居支付费用,以换取邻居养狗为你提供的好处。

虽然可能很难理解为什么国家会在积极外部效应的情况下进行干预,但请考虑一下科技研发这个例子。知识是不断累积的,这意味着我们都从前人的发现中学习。从事研发的公司在自己的工作中

使用过去发现的知识。然而，他们也知道自己的任何发现也会被他们的竞争对手利用。这些竞争对手能够不花一分钱从研究中受益。考虑到这一点，公司可能会很少在研发上投入。事实上，大多数公司可能更愿意利用其他公司创造的知识"搭便车"，试图获得其他公司的研发带来的积极外部效应。为防止企业在研发上投入不足，国家可能会干预市场并提供激励措施以鼓励投资。此外，国家可通过立法来保护公司使用专利。

积极外部效应与科技研发有关。除非政府刺激鼓励投资，否则公司可能在研发方面投资不足，或利用其他人的知识产权"搭便车"。

负面外部效应

当一个人的行为对另一个人产生负面后果，但遭受负面后果的个体没有得到任何补偿时，负面外部效应就会发生。以吸烟为例，个人吸烟会对他们周围被动吸"二手烟"的人的健康产生影响。非吸烟者不会因遭受吸烟行为的负面影响而得到补偿。这是一个低效率的后果。理论上，如果非吸烟者主动向吸烟者付款以诱导他们不吸烟，则可能达到有效的结果。或者吸烟者可以主动向非吸烟者付款，以换取被允许吸烟的权利。然而，实际上我们会依靠国家进行干预。美国已经通过立法在某些地区禁止吸烟，以尽可能减少对非吸烟者的负面影响。

禁止在公共场所吸烟是政府试图尽可能减少负外部效应的一个例子。

负面外部效应基本上都与污染有关。举个例子，一家工厂将其工业废物排放至上游河流，这给下游灌溉的农民、垂钓者和水边散步的人都带来负面影响。污染者与受污染者之间通常不会发生补偿关系，市场机制无法产生有效结果。然而近年来，国家开始介入并严格地监管污染者的活动，试图让污染者支付他们强加给他人的成本。例如，被认定为污染者的公司可能需要购买污染许可证，其中规定了他们每年可排放的污染量，或者对一些公司征税用于治理污染。这两种策略都增加了污染者的污染成本，他们会被迫重新考虑自己的做法，并用其他方式分配他们的资源。企业甚至可能会把更多资源用于控制污染。

信息不完善

新古典主义提出的完全竞争模型，有一个重要假设就是"完美信息"概念，意思就是所有消费者在市场上做选择时掌握所有必要的信息。在社会中并不存在这一完美信息的情况，这会对消费者和生产者都产生有害结果，因此政府可能会采取干预以纠正这种情况。

收集信息可能很昂贵又很耗时。在信息缺乏或不对称的情况下，某些市场交易甚至都无法成形。信息不对称问题主要有两种类型：逆向选择和道德风险。这两者都与我们所处的充满风险的世界这一事实密切相关。然而所有人都不喜欢风险。因此，人们时时刻刻都在努力保护自己免受风险。

逆向选择与消费者

逆向选择是指，市场的某一方如果能够利用多于另一方的信息，使自己受益而使另一方受损，倾向于与对方签订协议进行交易。在许多市场中，买家使用某种"平均"统计数据来判断他们可能购买商品的质量。由于买家的购买决定基于平均水平，因此有的卖家就有动机销售质量较差的商品以快速获利。此外，买家提供的价格基于商品的平均质量。这意味着优质产品的卖家会觉得价格太低，因此可能会离开市场。这可能会引发卖家离开市场的负面循环，直到整个市场消失。

逆向选择会对个人产生什么影响呢？我们以二手车市场为例。二手车卖家比买家更了解正在销售的汽车信息。打个比方，销售二手车的人会知道车子的型号、车龄以及相应的车况表现，或者车子

实际上是否受损或车况不佳。另外，购买者只有关于汽车类型、车龄和里程的信息，无法判断汽车运行情况会怎么样。鉴于购买者无法判断他们购买的特定汽车的性能如何，所有相同型号、车龄和里程的汽车无论车况如何，都会以大致相同的价格出售。

但是，由于感知到购买事故车的风险，购买者准备支付的价格降低了。这意味着拥有优质汽车的人不太愿意将汽车投放市场，因为市场价格将低于他们出售的汽车价值；劣质车商家则十分乐意以低价出售车辆。

这就是逆向选择的一个例子。买车的人很难分辨好坏，因此他们只能以基于平均统计数据的价格购买。这导致拥有优质产品的卖家离

逆向选择导致许多消费者购买的二手车存在隐患。

开市场，进而导致质量和价格不断下降。

逆向选择在保险和信贷市场中也很重要，在这些市场中，买卖双方所掌握的信息可能存在严重的不平衡。在保险市场，那些倾向于购买保险的人往往也是最大的风险。那些销售保险的人会发现很难区分好风险和坏风险。例如，区分可靠的驾驶员和那些更有可能发生事故的驾驶员。同样，保险销售会根据处于良好风险和不良风险客户之间的平均统计数据来收取保价。这会让低风险的司机花更多钱，从而使其在买保险时犹豫不决。

道德风险

道德风险是指在信息不对称的情形下，市场交易一方参与人不能观察另一方的行动，或者当观察（监督）成本太高时，一方行为的变化导致另一方的利益受到损害。例如，关于驾驶员在购买车险后的态度或行为会如何改变，保险销售并不知情。驾驶员可能愿意冒更大的风险，因为他知道如果汽车发生任何事情，保险公司都必须支付费用。在极端情况下，为了保护自己免受风险，保险销售可能会决定不向特定驾驶员出售保险。没有了交易，那市场就不起作用了。

为了克服这些信息问题，政府有责任介入并尝试改善信息，并且让买家和卖家更容易获得信息。政府可能还要求卖家为其产品提供担保，这一做法就向买家发出了信号，表明该产品是优质产品。政府还要求驾驶员获得驾照。对保险销售来说，拥有执照则表明该人至少具有基本的驾驶技能并了解道路规则。

许多激励措施都可以减少道德风险。例如，保险公司经常要求个人在某些情况下支付免赔额。如果你知道自己要为交通事故支付

政府和个人

300美元你就会更谨慎驾驶。政府监管（以执行政策的形式）和商业政策（以免赔额的形式）双管齐下，共同削弱了道德风险。

交通事故及其频繁性有时给保险公司带来被称为"道德风险"的问题。

广泛的辩论

政府税收和对市场的干预能使市场更好地运作，人们普遍认为这对公民个人有利。然而，政府处理税收和市场干预的方式，以及它们使用的具体政策，必须在更广泛的背景下考虑。无论是在可能性上还是可行性上，这种更广泛的背景是经济学家争论最激烈的领域。用经济学的术语来说，这个问题涉及所谓的资源公平分配，或者谁得到所生产的收益。

辩论的背景是，几乎所有经济学家都一致

认为，经济政策应该不断改善社会状况而不是使之恶化。任何社会都存在许多穷人，即使市场机制运行良好，经济产出不断增长，还是有人似乎无法获得足够的资源来维持自己或家人的生活。那么他们的条件如何改善？

要回答这个问题，有两种基本的答案。第一个答案是，有些人认为政府只需要推动能够带来经济增长的策略。这种增长的好处最终将以"涓滴"（Trickle Down）的形式惠及所有社会成员。涓滴理论是指，在经济发展过程中并不给予贫困阶层、弱势群体或贫困地区特别的优待，而是由优先发展起来的群体或地区通过消费、就业等方面惠及贫困阶层或地区，带动其发展和富裕，或认为政府财政津贴可经过大企业陆续流入小企业和消费者之手，从而更好地促进经济增长。第二个答案是，其他经济学家认为，经济增长的好处无法保证永远惠及社会中较贫穷的个人，即使真的惠及也需要很长时间。因此他们强调政府应在经济中采取积极的再分配策略，把富人手中的资源和收入转移给穷人。

这些问题非常复杂，因为不平等与经济增长之间确实存在很明显的关系。经济学家花了很多时间试图了解经济增长和不平等的原因，

资源分配的不平等存在于许多国家之中。图中贫民窟的小屋坐落在富人高档住宅附近。

以及这两种现象之间的联系。现在有三个主要问题尚未解决。第一，是否真的存在一种涓滴效应将经济增长的好处分配到整个社会？第二，从长远来看，政府帮助穷人的干预实际上对穷人有好处吗？第三，这种代表穷人的政府干预是否真的会抑制经济增长，从而损害整个经济？

古典经济学家

古典经济学家关心的是资本如何积累，即企业如何储蓄并将其利润再投资于机器、工具和工厂等资本设备。这种资本积累会刺激经济增长。

1817年，李嘉图在亚当·斯密思想的基础上，在书中指出，在斯密看来，最好的社会成果是允许经济在不受政府干预的情况下运转。他有兴趣阐释的问题是，为什么经济总产出或国内生产总值并没有被社会不同阶层所平分。他的观点是，这种产出分配上的不平等会限制经济增长。李嘉图将社会分为三个阶级，即工人、资本家和地主，并认为利润总是归地主所有。因为他们没有储蓄，不会导致资本积累。为了促进资本积累和刺激经济增长，李嘉图主张将利润重新转移到资产阶级手中。与斯密不同，李嘉图有效强调了通过政府行动实现财富再分配的必要性。

马克思主义者

对于19世纪的马克思来说，公平问题是所有经济分析的核心。马克思认为，资本主义本质上是一种不公正的制度，它通过剥削使不平等永久化。他将剥削定义为资本家或生产者对剩余劳动力的榨取。根据马克思的定义，剩余劳动力是指员工超出工资价值额外投入的工作。他认为，生产一种商品或服务的劳动力投入比实际增加的价值更多。

凯恩斯主义革命

英国人凯恩斯可能是20世纪最有影响力的经济学家，他提供了一个完善的经济理论，解释了为什么政府应在自由市场经济中发挥重要作用。经历了第一次世界大战，见证了1929年华尔街崩盘和随之而来的恐怖大萧条，凯恩斯得出的结论是，无论在任何情况下，市场都不能产生最佳的社会结果。他在1936年出版的《就业、利息和货币通论》一书中，呼吁政府应该进行干预，以便在经济危机时期发挥稳定作用，并在经济衰退时期刺激经济。

凯恩斯主要关注的不是个人，他的理论对

自1945年以来，美国政府在对贫困或弱势儿童的福利支出中发挥了重要作用。

国家政策产生了不可忽视的影响。自1945年第二次世界大战结束以来，美国政府在微观经济层面——即涉及个人消费者和生产者层面——的延伸行动相当多。许多研究发现，贫困对大家庭、老年人和幼儿的影响比社会上其他任何群体的影响都要大。各国政府现在也都特别关注这些群体。

新古典主义

20世纪80年代，伴随着凯恩斯主义的影响，新古典主义政策在美国和包括英国在内的欧洲经济体中变得非常重要。新古典经济学发源于19世纪后期。新古典经济学家认为，除非政府的目标是纠正市场失灵，否则，任何形式的干预市场在本质上都是低效的。对于新古典主义者来说，唯一有效的方式是将所有商品、服务、资源等的分配留给市场。因此，在他们看来，包括电话服务、铁路、飞机、港口和许多其他传统上由国家生产的商品都可以私有化。换句话说，他们呼吁政府将所有企业都卖给私营企业，只有这样才会带来更高的效率。

新古典主义经济政策主要通过福利发放来影响个体经济。一些新古典主义经济学家认为，政府应该取消或大幅削减福利支出。因为他们觉得政府加大福利力度反而会使事情变得更糟，比如向贫困家庭提供国家援助反而会抑制他们的工作积极性，让他们失业时间变得更长。克林顿在1992年总统竞选的演说就很好地反映了这一新古典主义共识，他当时的原话是："我会砍掉我们所有的福利。"

新古典主义关于公共行为争论的核心是：是否应该权衡经济增长和不平等的程度。涓滴理论认为，如果政府专注于增加国内生产总值，不平等问题会随着时间的推移而自行解决。西蒙·库兹涅茨

国家经济

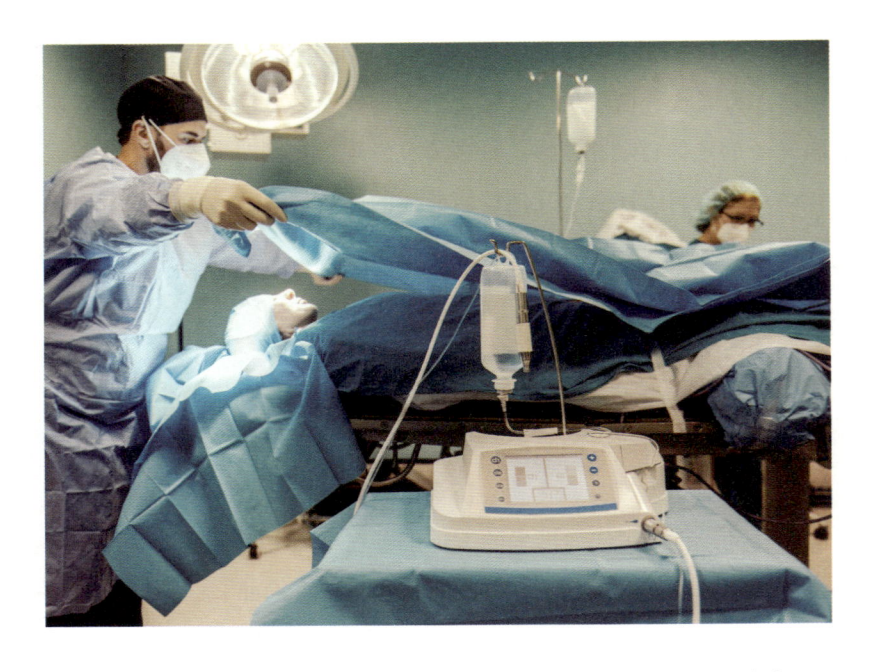

（Simon Kuznets）在其1955年发表的开创性文章《经济增长和收入不平等》（*Economic Growth and Income Inequality*）中首次明确了这一想法。库兹涅茨通过对几个国家的国民生产总值增长模型的系统分析观察到，随着时间的推移，经济增长与不平等程度的下降有关。他以此观察为起点，构建了"倒U"（Inverted-U）假设。他认为随着经济增长的推进，这种不平等程度会先出现加剧的趋势，然后在某些时候被逆转。总的来说，不平等程度将随着经济的继续增长而趋于下降。

现代社会经常争论的一个话题就是政府和私人保险计划应不应该成为患者医疗援助的主要提供者。

库兹涅茨假设的改良

自库兹涅茨提出"倒 U"假设以来，许多经济学家投入了大量时间对其进行实验论证。20世纪70年代，支持库兹涅茨假设的学术著作激增，来自不同意识形态背景的经济学家都会使用他的发现来阐明自己的立场。例如有些人呼吁加大再分配的力度，有些人的目的则是想忽略经济增长的作用，更有甚者，想借此突出经济增长的同时忽视再分配的作用。

许多经济学家得出结论，在考虑增长与再分配之间关系时，另一个复杂因素就是不平等，这同时也是增长的主要制约因素。如果这是真的，那么它将表明社会平等本身就意味着政府对收入的再分配，这也是经济增长的一个重要前提。

1998年诺贝尔经济学奖的得主阿马蒂亚·森（Amartya Sen）是另一组经济学家的代表，他长期批评涓滴理论，认为政府不只是要关注国内生产总值。他还认为，尽管国内生产总值增长很重要，但也要更多地关注增长是否能带来公民生活质量的改善。正如森所说，经济发展最终要落实到能否实现老百姓长寿、温饱和接受良好的教育，以及参加文学和科学工作的机会等问题上来。经济发展必须实现"个人对机会和环境的支配取代环境和机会对个人的支配"。

争论进行时：社会保障计划

那些引发社会广泛争论的经济问题，都对政府与公民个体之间的具体关系有着至关重要的影响。以社会保险为例，所有社保计划的基本目标都是向社会弱势群体提供有保障的收入。在美国，弱势群体包括老年人、残疾人以及夫妻其中一方亡故的单亲家庭。在发放完社保资金后，所有剩余的钱则都将重新拿来购买美国国债。

国家经济

经济预测者经常影响政治家和政策制定者。为了防止2034年的预期福利短缺,1999年克林顿总统宣布了提高美国社会保障水平的计划。

　　克林顿总统在1999年的国情咨文中表示:"为了加强美国的社会保障,我将把预算盈余用于国家投资。"克林顿政府采取这一举措的原因是,预计到2034年,申领福利金的人数将超过缴纳养老金的人数。而这项投资可以有效防止社会保障资金在2034年出现短缺。

　　因为社会保险是通过财政系统进行再分配的一种形式,因此整个再分配问题成为这场争论的核心。在美国,由社会保障金带来的收入会越来越少,这就意味着它对低收入群体的影响远大于高收入群体。而由于所得税最高限度仅为72600美元,收入超过此金额的人要做的也

政府和个人

让富人花钱是确保社会中财富公平分配的最佳方式吗？或者说，福利是否会鼓励依赖性，并导致扭曲的经济？

只是缴纳适用于最高应税收入的金额。正是因为这种不对称性，部分经济学家建议通过取消纳税上限来弥补2034年将出现的预期收入缺口。这个方法将使社会保障税具有累进性，因为富人实际上会缴纳更多的社会保障税。但这一提议遭到的阻力相当大，新古典主义经济学家们对此更是极力反对。因为他们当中有许多人都倡导推行私有化。他们还认为，与其这样，还不如用投资于股市的个人账户体系取代目前的体系的方法更行得通。

争论的结果

这场就政府政策所引发的两种对立经济原则的争论，其结果对个人具有重要影响。新古典主义者认为，增加累进税制会减缓经济的增长，最终会导致每个美国人的生活都变差。而反对这一观点的人认为，个人账户很难管理，可能会被不择手段的推销员所欺骗。而且如果将个人账户投资到股票市场，一旦出现股市暴跌或经济长期不景气的情况，所有人的退休金都会受到影响。

政府和企业

政府与企业之间的关系令人着迷，而且几乎无限复杂。它们可能在政治上并不总是相处融洽，但在经济上它们不可避免地需要彼此才能生存。

企业需要有效的政府才能生存。比方说，如果没有法律、警察和法院来保护私有财产，市场经济将不复存在，毕竟不能指望那些只想着赚钱的人来提防犯罪分子侵害市场经济。企业使用的许多基础设施，例如道路和运河都是公共设施。简单来说，每个人都可以使用它们，但它们不属于任何人。因此，与个体一样，企业也能从政府提供的这些基础设施中受益。

相互依存

对政府来说，他们也同样需要企业来刺激国内的经济增长，国民也从中受益。在许多发展中国家中政府对企业的依赖十分显著，发展中国家的政府坚信经济增长能够使全体人民受益，所以他们极力吸引外资企业到本国建立工厂和办事处。经济增长会刺激需求、创造更多的就业机会和更多的财富，这样百姓生活会更加幸福。此外，政府收入部分来源于从企业所得中征税。经济增长也为政府增加税收提供了更多机会。

对政府而言，要创建一个理想的社会，拥有欣欣向荣的商业极为重要——至少在过去500年里都是如此。无论一个国家的经济主要是依赖农业的多产、钢铁制造业的发展抑或对世界高新技术的掌握，商业都是各国政府和社会评判一个国家成功与否的重中之重。

由此看来，政府与企业相互依存。因此，当政府推行利于企业发展的政策且企业同样依照政府的管辖运作时，这似乎会是政府和企业的双赢局面。然而，由于以下三个原因，事实却与之背道而驰。

经济学的本质

政府和企业关系复杂的第一个原因来源于经济学的本质。经济学不能算作是一门完美的"科学"，因为经济学的研究对象十分复杂。经济学中不存在实验室那样简单明了的条件变量，因此，任何一个经济学问题都不可能拥有它单独的对策。例如，在1945年以来的这段相对较短的时期，西方政府必须同时将凯恩斯主义经济学和古典主义经济学乃至新古典主义经济学等都纳入考虑的范畴。凯恩斯主义经济学主张政府通过扩大财政开支和调整税收政策来平衡需求。古典主义和新古典主义经济学则主张利用货币政策来调控通货膨胀等问题，而政府对企业只存在最低限度的监管。

关于这些经济政策中哪一个最成功，一直争议不断。凯恩斯主义经济学奠定了很多国家1945年到1965年这一较长时期经济稳定增长的基础。例如，德国和日本战败后，通过政府和各个行业的密切合作实现了长期的经济增长。

在1979年撒切尔夫人当选英国首相和1980年里根当选美国总统后，两位政治家都十分看好利用货币政策来实现自由市场和经济调控，因此，这两个国家的私营企业承担了以前本该属于政府的职能。例如，在美国，政府不再试图调控诸如国内航空市场等市场。

所以，政府和私营企业之间的边界不是泾渭分明的。所谓政府进行商业调控，即政府依循法律指导企业该如何运营，这一调控是因时而异、因国家而异的。

政府的本质

造成政府和企业之间复杂关系的第二个原因来源于政府的本质。政府不单单需要从琳琅满目的经济政策中做出选择，甚至还担负着不得不违背经济发展而行事的重担。换言之，尽管很多时候政府的主要目标是经济稳定，但往往会存在其他因素使得政府不得不与之背道而驰。例如，在19世纪，政府禁止或限制企业聘用童工，尽管这一法令增加了工厂主的劳动力成本，对经济发展貌似不利，但剥削儿童所付出的社会代价远比商业利润的些许损失要惨痛得多。在今天的美国同样有法律规定企业必须向工人支付最低工资。

企业的本质

政府和企业关系如此复杂的第三个原因是，企业未必对宏观经济发展或是国家利益感兴趣。就企业的本质而言，企业都争相供应商品以赢得顾客的青睐。这种竞争或许能够创造出斯密口中的那个完美市场，但每个企业都巴不得成为某一商品的独家供应商，或是成为该商品的少数供应商之一，排除一切新的竞争对手，破坏这个完美市场。事实上，有时政府甚至可能会鼓励这类垄断或是寡头垄断，但这通常有其特殊的缘由。

当个体企业的利益与整体市场的利益相对立时，除了纯粹的经济管控之外，政府还有其他手段来管控企业。因此，政府与企业之间的关系通常是复杂的，有时甚至是对立的。这也就是政府时不时会调整经济政策的原因。本章主要聚焦如下几个问题：现代西方政府为了维护市场及公民的广泛利益如何监管企业；为了建立切实有效的法律体系政府如何监管企业；以及政府如何通过诸如破产法、版权法和专利等法律责任意识影响企业行为。本章还会探究：政治和政体会如何影响企业运作；企业参与政治会如何影响政府运作；政府如何刺激企业发展；政府如何从企业那获取税收收入。

市场和垄断

如果市场是完全竞争市场，政府也就无法再有所改善了。然而诸如市场的准入门槛、外部效应以及产品质量信息的不完善等市场失灵的表现，都意味着政府的监管有改善市场的余地。例如，政府监管能够帮助社会边际成本和私人边际成本达到平衡。在现实世界中，任何市场都或多或少有失灵的表现，许多经济学家因此认为，政府应该在指导企业能够和应该做什么方面发挥重要作用，这至关重要。然而政府的干预也并非一定有效，有时政府的干预甚至可能导致市场变得更糟。

垄断

当市场上的某一特定商品只存在一个卖方，该卖方就垄断了市场。通常来说，当某企业占据了80%以上的市场份额，该企业就是一个垄断企业。在某些特定情况下，政府鼓励垄断是因为垄断被认为能够提升经济效率，自然垄断就是一例。由于自然垄断，美国邮政服务（USPS）是美国唯一一家能够在国内合法投递平邮的邮政企业。

政府和消费者普遍不信任垄断企业。垄断企业与竞争型企业一样，都希望实现利益最大化，为此提高市场价格是一个有效的途径。然而垄断企业和近垄断企业与竞争型企业不同的是，他们有权提高产品的定价，却不必承担销量下滑的风险。为了保护消费者免受垄断企业的价格上调之灾，政府通常会采取行动抵制垄断。

政府和企业

标准石油公司

位于俄亥俄州的标准石油公司是美国商业史上最著名的垄断企业之一。它由约翰·洛克菲勒和他的合作伙伴于1870年1月创建。他们不曾从井中提取原油，而是拥有两家将原油转化为煤油的炼油厂。起初，标准石油公司的炼油量只占全美炼油总量的10%。1878年，在收购了更多炼油厂之后，（其中一些炼油厂被迫低价出售给了标准石油公司）全美90%的石油都由该公司炼制。1892年，俄亥俄州提起了反垄断诉讼，迫使标准石油公司拆分成92家子公司。然而所有这些子公司实际都由同一个所有者控制，并在1899年再次合并，成为新泽西州标准石油公司。1904年，记者艾达·塔贝尔（Ida Tarbell）发表了《标准石油公司的历史》（*The History of the Standard Oil Company*）一文，批评了洛克菲勒的垄断操作，由此该公司成为美国记者和政客的众矢之的。

THE INFANT HERCULES AND THE STANDARD OIL SERPENTS.

像约翰·洛克菲勒（John D. Rockefeller）所绘的这幅漫画这样，标准石油公司以前所享有的垄断地位饱受当时各大期刊的尖锐批评。

标准石油公司负责全美大多数石油的提炼，它无疑是一家垄断企业。然而，只有当一家垄断企业的市场支配力不仅能够为企业带来高额利润，还会对社会造成损失时，它才需要拆分业务。一家主要经营基础设施建设的自然垄断企业是无须拆分业务的。此外，一些经济学家指出，标准石油公司没有能力阻止新的炼油厂进入市场，实际上它不具备市场支配力。可是当时普遍认为标准石油公司使用了掠夺性定价，或者以掠夺性定价作为威胁。掠夺性定价指企业采取降低价格的策略，迫使竞争对手退出市场。标准石油公司手握洛克菲勒的巨额财富背书，相较其他的石油公司，得以在长期的价格较量中获胜。

19世纪末，标准石油公司主导了美国市场，以至于没有竞争者能与之抗衡。

标准石油的解体

1890年，美国国会通过了《谢尔曼法》(Sherman Antitrust Act)，这是第一部反对价格操纵和垄断的联邦法律。所谓托拉斯，是指由许多小型企业合并组成的垄断组织；在这一时期，托拉斯因为抬高价格和打击竞争对手而备受谴责。《谢尔曼法》第一条将"任何契约……或其他形式的联合、共谋，用来限制……贸易或商业"都定为非法。第二条则将"任何人垄断……州际间或与国际间的商业和贸易"均认定为犯罪。1906年司法部根据该法案对标准石油公司提起诉讼。1911年5月15日，最高法院维持了下级法院的判决，即标准石油公司违反了《谢尔曼法》，并下令将其拆分为35个独立的公司。1911年9月1日判决生效后，标准石油公司被划分为埃克森、美孚和阿莫科等子公司。1914年，美国颁布《克莱顿法》(Clayton Antitrust Act)，从此禁止了掠夺性定价。

类似的诉讼还有许多：司法部于1956年对计算机公司IBM提起了反垄断诉讼；1998年5月18日，联邦政府和20个州政府对微软公司提起了诉讼。

自然垄断

在商品运输需要部署大量诸如铁轨、配电网和运输天然气、石油或水的管道等基础设施时，可能会发生自然垄断。既然潜在竞争者进入市场无望，自然垄断者如果要追求高利润，他们就可以自由地控制商品数量，并提高商品或服务的价格。因此，政府需要经常通过例如制定行业定价等手段对这些存在自然垄断的行业实行监管。

20世纪二三十年代，美国的几家航空公司向政府竞标航空邮件的承包权。美国政府担心，没有一家航空公司拥有能够成功开

国家经济

拓该旅客业务的赢利能力。大萧条期间,联邦政府为了让这些航空公司相信他们的投资不会打水漂费尽了心思。1938年,国会和总统富兰克林·罗斯福通过了《民用航空法》(Civil Aeronautics Act),同时成立了民用航空委员会(CAB)。联邦政府授权该委员会管理市场中航空公司间的并购以及新公司进入市场。委员会同时负责定价,以及为各个航空公司分配航线。《民用航空法》要求委员会确保企业间"必要程度的竞争,以确保航空运输系统的健康发展",这意味着美国对企业间的竞争有着密切控制。

这项立法的颁布使得美国航空业从1938年到1978年期间都受到严格监管,自然垄断得以避免,并声称确保了航空业的有序发展。每家

美国国内航空公司系统的增长和发展体现了对于政府是否应该对企业实行监管的争论。

航空公司都有其固定的航线——联合航空公司的飞机只能在西海岸地区沿南北飞行，达美航空公司和东方航空公司的飞机则只能在东海岸地区沿同一方向飞行。

解除航空公司管制

到20世纪70年代，高昂的飞机票价使民用航空委员们饱受诟病，政府监管被认为是失败的。人们普遍认为，航空公司无论从数量、质量还是成本来说都缺少足够的竞争。为增加更多的选择，政府取消了对航空业企业数量、定价和市场准入权的控制。1978年颁布的《航空公司解除管制法》(The Airline Deregulation Act)废除了民用航空委员会的权力，航空公司之间又可以进行自由竞争了。

许多经济学家都对航空市场持乐观态度，认为这将是一个可竞争市场——一个准入门槛不高且有许多新晋竞争者愿意加入的市场。航空公司能够自由选择飞行航线后没过多久就建立了"航空枢纽"。航空枢纽是所有航班都会经过的大型航空港。航空枢纽的存在让飞往冷门目的地的航班价格更加低廉，因为两个冷门小镇间的航班往往不能满座，而取而代之的，航空公司能够安排从航空枢纽到冷门城镇之间运行的航班，这样就可以满座了。同一组其他目的地不需要多个航空枢纽，因此航空枢纽网络其实是一种自然垄断。小型航空公司与头部航空公司竞争时仍面临困难，因为后者保留了一些市场势力。不过，航空枢纽确实帮助头部航空公司大幅降低了成本。

虽然解除了对航空公司的管制，但未能生成一个可竞争市场。自然垄断在航空业东山再起，随之而来的便是内部效率低下、官僚主义盛行和市场势力不均衡的种种问题。航空业的发展史能够同时用来支持或是抨击政府监管，毕竟政府监管有功有过。

污染管控

在理想化的完全竞争市场中，商业活动不应影响买卖双方以外的各方。然而现实中，企业和公司的许多经济活动都具有影响旁观者、消费者和生产者的"外部"效应。例如，二手烟会对他人造成伤害、河岸边的工厂会对河流造成污染，或是机动车的排气管会对空气造成污染。政府通过税收、控制和立法进行干预，可以减少这些外部效应的影响。

20世纪初，经济学家A.C.庇古（A.C.Pigou）首次分析了市场的潜在效率低下会引发外部效应，并且政府可以用通过税收来提高市场效率。庇古之后，又有更加复杂的政策得以制定，例如可交易的排污许可证等。

外部效应就以从居民区附近的机场起飞的

环境问题往往是政府决策的一部分。例如，夜间航班通常被限制飞越居民区。

航班的市场为例来说明。这个市场的失灵很典型，政府干涉能够改善市场的结果。居民虽然饱受航班起飞降落的各种噪声、干扰和污染的侵扰，但他们并没有为此得到任何补偿。私营部门对这类市场失灵是有补救方法的：例如，当地居民可以集资买下机场，然后收取起飞和着陆费。然而大多数经济学家认为，居民很难相互协调达成一致，因此政府仍有必要通过税收或法律来控制航班的起落。

对污染行业实行有效监管是很困难的。尤其是政府很有可能无法确认有效航班数量，也就因此无法确定正确的税率。要有效解决这个问题，政府可以颁发可交易的污染许可证，并在企业间进行交易。消费者对航空业等污染行业的商品及服务的需求不断增加，这些行业的企业获得许可的成本也不断提高，企业排放污染的单价也不断增加。这一许可证市场的存在使得许可证的成本由市场需求决定，而不是由政府估价决定。

环境保护署

美国环境保护署（EPA）成立于1970年12月2日。1970年的《空气清洁法》（Clean Air Act）和1972年的《水清洁法》（Clean Water Act）赋予环境保护署（EPA）治理污染的权力很大。《水清洁法》第一部分将"到1985年消除向可通航水域排放污染物"设为国家目标。许多环保人士会赞成这个零污染的目标，但它不太可能具有社会效应。为了实现社会效应的结果，污染治理的成本——污染企业的成本——必须等同于减少污染物从而带来的环境和社会收益。

自1970年以来，环境保护署对多种污染征税并禁止其他污染，例如，会破坏臭氧层的气溶胶喷雾和泡沫包装中的氯氟烃（CFC）。

国家经济

环境保护署的行动给企业和消费者带来了巨大的经济成本。然而，人们仍然很难评估，环境保护署在防止环境污染或减少对人们健康的损害方面的行动是否值得。

"埃克森·瓦尔迪兹号"灾难

1989年3月，满载的超级油轮"埃克森·瓦尔迪兹号"（Exxon Valdez）在威廉王子湾（Prince William Sound）搁浅，超过一百万桶原油泄漏，在一些海滩上留下超过30厘米深的浮油，造成大量海鸟、海獭和很多其他动物的死亡。阿拉斯加州和当地渔业向油轮所有者埃克森美孚公司提出巨额赔偿要求。因采取安全措施太少、太晚，以及未配足油轮船员或监督人员等原因，埃克森美孚公司受到强烈批评。与此同时，该公司将清理延误归咎于联邦政府和州政府官员。跨阿拉斯加石油管道的运营也被指控对其清理漏油的能力做虚假报道。该报道被描述为"在过去12～15年里一直被合伙隐藏的骗局"。该诉讼提起了惩罚性赔偿、疏忽性罚款和恢复环境和渔业所需的费用。

如果不在道德层面去衡量这个悲伤的故事，而仅仅是提出一个问题：如果美国政府对油轮运输的"外部"影响实施更严格的控制，通过立法确保足够的安全检查，并征收与造成环境污染相应成本的罚款，这种灾难还有可能发生吗？

一艘救援油轮试图排空穿孔的"埃克森·瓦尔迪兹号"，以防止更多的石油流入大海。

"埃克森·瓦尔迪兹"号石油泄漏造成大量鸟类受伤或死亡。美国政府正致力于预防此类环境灾害。

逆向选择

当卖方比买方更了解商品质量时，就会发生另一种类型的市场失灵，反之亦然。在这种情况下，消费者会害怕购买，因为他们担心自己最终可能会买到毫无价值或危险的产品。政府可以通过对企业实施质量标准来消减这种恐惧。

信息不平衡或不对称被导致人们不愿消费。解决这种逆向选择的一种可能方案是政府设立一个有权保证商品质量的机构。在美国，代表消费者履行这一职能的政府机构是食品和药物管理局（FDA），它现在是美国最重要的监管机构之一。

厄普顿·辛克莱的《丛林》

1906年美国的《纯净食品和药品法案》（The Pure Food and Drugs

Act）禁止假冒伪劣的食品和药品进行州际贸易。这一年，厄普顿·辛克莱（Upton Sinclair）在其小说《丛林》（The Jungle）中对芝加哥肉类加工厂不佳的卫生状况和劣质肉类的加工进行了描述，这引起了民众的普遍反感，该法案便是对此的回应。起初，农业部执行的是1906年的法案，但在1930年，其政策都集中在新成立的食品和药物管理局上。

《纯净食品和药品法案》最初成为法律时，主要用于维持食品标准。但自第二次世界大战以来，随着新药和强效药物的研发，食品和药物管理局已密切参与药品和医疗行业。制药公司现在必须在获得食品和药物管理局的批准后，才能在人体上测试药物。然后，他们必须等待食品和药物管理局批准该药物对于既定目的是安全且有效的，才能上市。如果制造商希望对该药物提出新的声明，他们必须获得单独的批准。由于食品和药物管理局对销售药品的监管降低了消费者的风险并使他们放心，因此，有了这些额外的信息，药品市场有望更好地发挥作用。

食品和药物管理局有效吗？

一些批评者认为，美国食品和药物管理局的监管流程效率低下，甚至监管没有必要。例如，艾滋病患者的拥护者认为，应该由患者本人而不是政府机构来决定新药所带来的风险是否可以接受。1988年，来自艾滋病患者的压力促使食品和药物管理局加快了对可能治疗这种疾病和其他危及生命疾病的药物的批准。对食品和药物管理局持批评态度的人还认为，私营企业出于对其品牌声誉的考虑，即使没有食品和药物管理局的强制要求，也会采取行动证明自己产品的质量和安全性。例如，可口可乐公司的情况可能就是这样，该公司需要保护非常宝贵的声誉。但是，自我监管不太可能保护消费者免受小公司不良行为的影响。食品和药物管理局虽然有时会引起争议，但可能始终都是必要的存在。

有害品和有益品

有害品

政府干预市场的另一个重要方式是限制有害品。无论消费者的需求如何，这些商品都被社会认为是不受欢迎的。因此，在这种情况下，政府可能会干预公司和企业对私营部门的市场供给，从而完全禁止商品或减少其生产和需求的数量。

食品供应商尤其受到政府监督机构的密切关注。

这可以通过征税来实现，例如对烟草行业征税。又或者，提供有害品可能会被认为是非法的。然而，即使将某些商品的生产和消费定为非法行为，该商品的需求也很难减少至零。同时，政府对市场的限制可能会产生不良的副作用。

有益品

无论消费者对有益品有怎样的需求，有益

品都被认为是社会所需要的商品。政府可能会干预私营部门，以鼓励其提供此类商品。最常见的有益品是教育，在大多数国家，教育往往能或多或少地得到财政补贴。然而，这一领域内日益增长的一个趋势是，一些政府与私营企业建立合作伙伴关系，为供应这些商品提供资金。许多国家的政府认为，这种公私合作伙伴关系是解决资金危机的一种可能方案，而这种危机会影响企业，因为对企业来说，补贴是重要且必要的，而公共资金却是根本无法获得的。一个类似的例子是公共博物馆的设立。

对商业的法律限制

政府以市场监管和保证某些产品质量以外的方式影响公司和企业，更一般的商业立法也会对企业和公司产生影响，这可能包括不同类型公司的合并方式。破产法、账目的准确记录、企业对待员工的方式以及商标、专利和版权的法律地位也会对企业产生实际影响。

商业的法律形式

政府为商业制定了严格的法律定义，所以，如果在整体经营中出现问题，个人和组织可以准确地知道他们的责任所在。企业可以通过几种不同的方式来创建和合法注册。公司如何运作，以及有多少事项必须接受检查，从这两个角度来说，每一种方式都涉及非常具体的要求。例如，注册审计师每年会对企业的活动进行检查并报告。在过去的200年里，遵照人们认为高效且易于监管的方式，企业的各种类型都得到了发展。在美国，最重要的三种商业形式分别是独资企业、合伙企业和股份有限公司。

独资企业指由个人拥有的企业。从数量上看，它们是美国最常见的商业形式，尽管大多数规模都非常小。如果公司无法偿还债务，或者被债权人起诉，则公司所有者被认为对公司的所有损失"负责"。在实际情况中，如果所有者承担的债务超过了其全部财富，所有者就会向法院提起诉讼，要求被告宣布破产。随后破产法院会允许所有者保留一些资产，以便他们仍有地方睡觉。法院还会取消破产者的所有未偿债务，以便他们可以重新开始生活。

合伙企业指由少数在商业上"合伙"的人共同拥有的企业。这些合伙人通常还经营和管理着他们自己的企业。合伙企业与独资企业类似，尽管合伙人能获得该企业所产生的每笔利润，但他们也对公司产生的每笔债务负责。这有时被称为"无限责任"，因为合伙人必须偿还任何规模的债务。然而，合伙人的无限责任有可能被视为一种优势，因为如果银行知道每个合伙人都有促使企业成功的充分动力，那么银行可能更容易被说服给他们提供贷款。

股份有限公司的模式

股份有限公司是最大、最复杂的企业形式。公司由股东所有，他们获得公司赚取的利润。每股股票的所有者有权就公司的运营方式进行投票。股东可以像合伙人一样日常经营公司，也可以是与公司关系不大的人。

例如，截至1999年11月，微软公司约15.3%的股份归其前董事长兼首席执行官比尔·盖茨所有，他与微软公司的运营有很大关系。然而，许多来自世界各地的人也拥有微软公司的股份，因为公司的股份可以在股票市场上进行买卖。这些人大多与公司的日常管理无关，他们对公司决策的参与可能仅限于年度股东大会。

公司通常由经理管理，这些经理自己不是股东，但他们试图将股东获得的利润最大化。如果股东觉得经理在经营公司方面做得不够好，他们可以解雇经理。公司和合伙企业之间一个很大的区别是公司的股东只负"有限责任"。如果公司破产，股票的价值将下跌并接近零，但股东没有责任偿还公司的未偿债务。他们可能会损失自己股票的全部价值，但仅此而已。

破产

在破产法庭上，个人和企业可以被宣布破产。尽管拥有和经营企业的人不会希望他们的公司破产，但了解破产会带来什么，对他们来说很重要。企业倒闭带来的后果，是众多政府监管中的关注点。

破产公司的股票通常在拍卖会上以折扣价出售，来为债权人筹集资金。

破产的公司通常仍拥有一定价值的资产。例如，一家互联网公司可能无法偿还其债务，但该公司可能仍拥有自己的计算机、电话、建筑物和车辆。当一家公司破产时，其所有的资产都会成为其债权人的财产。通常来说，债权人必须清算公司的资产，或将其出售以换取现金，以试图收回部分欠款。然而，持有公司股份的人对这些资产没有任何权利。

美国的破产改革法

政府需要通过制定法律来规范破产公司的债权人试图追回其资金的程序。通常情况下，即使出售所有的资产，也无法筹集到足够的现金来偿还给所有的贷款持有人和债券持有人，因此大家必须就如何分配收益达成一致。

在美国，破产受到1978年《破产改革法》（通常被称为《破产法》，Bankruptcy Reform Act）的监管。根据该法，破产可以通过不同的方式处理。例如，根据该法第7章，被宣布破产的公司通常会迅速清算其资产以偿还债权人。然而，根据该法第11章，被宣布破产的公司将不会出售其资产，而是对公司进行重组。

例如，一家破产的互联网公司可能拥有知名的产品、聪明和熟练的员工，以及与其他公司签订的合同。如果它以"持续经营"的形式（即作为一家经营性企业）出售，这可能会比它出售所有的资产更有价值。

在《破产法》第11章中，公司的债权人通常会任命一家由商业专家组成的公司来试图维持企业的运转，也许会关闭或调整部分业务，希望企业最终能够恢复，从而偿还所有的债务。

劳动关系

政府所要求的企业对待员工的方式是一个需要考量的重要法律因素。在这一方面，严格的经济标准也可能会被政治或社会因素所压倒。在20世纪中，政府对工人权利的态度发生了巨大的变化。19世纪后期，政府倾向于阻碍工会的发展壮大。在争取改善工作条件和提高工资的运动中，工会通过集体谈判或为整个工人群体发声的方式获得权力，这种权力被认为妨碍了企业的顺利运转。

然而，在20世纪，工会普遍受到政府的保护。同样，法律规定员工享有的权利包括最低工资和安全健康的工作条件，这往往违背了企业领导者的意愿。近几十年来，立法还规定以种族或性别为由歧视员工是非法的。这些是对企业自由经营的限制，但被认为会带来更广泛的社会效益。

商标、版权和专利法

对企业活动的进一步限制是所有公司都需要注意的，不能侵犯其他个人或公司的商标、版权或专利，这是大多数企业所公认的必要限制，也是一种保护和鼓励创新的方法。任何销售产品或发明新产品、新工艺的企业，也希望能确保其他企业不会在他们的商品上无偿使用他们的名字或发明。

在美国，商标被定义为标识一家公司的商品并将其与其他公司的商品区分开来的名称、文字或符号，例如可口可乐的标识等符号或Jell-O果冻等产品的名称。如果一家公司没有首先向美国专利及商标局（联邦政府的一个部门）注册其商标，该公司也可以向另一家使用相同商标的公司提起诉讼，但如果这家公司之前已经注册了该商标，那么其胜诉的可能性要大很多。只有在商标与众不同且不太可能与现有商标混淆的情况下，美国专利及商标局（PTO）才会同意其进行注册。例如，美国专利商标局不允许任何人把"Coca-Cola"注册为商标，因为这样的名称显然是在试图表现它和"可口可乐"的联系，或者说，这是律师们非常熟悉的"假冒"。美国专利商标局还拒绝注册像"清凉饮料"这样的描述性商标，因为这样做会使消费者更加困惑，而不是帮助消费者将一家公司的产品与另一家公司的产品区分开来。

版权是对原创作品的所有权，作品可以是书籍、文章、剧本、歌曲或电影，也可以是服装设计或计算机程序。版权保护的是想法的"表达"，而不是想法本身。因此，歌曲作者不能对一首关于高中生活的歌曲的想法主张版权，尽管他可以为表达这一想法而创作的特定曲调和词语主张版权。与商标一样，电影剧本等作品的版权可以在法庭上得到辩护，即使该作品此前没有在美国版权局注册过。然而，就商标而言，如果作者一开始就通过向版权局发送一份或多份剧本副本

哈罗德百货公司是英国伦敦的一家标杆百货公司，它积极维护自身商标，避免让各种小公司冒充其世界闻名的名字和标志。

来注册剧本的版权，那么他们更有可能在法庭上胜诉。版权有效期通常为作者终生及其死后50年。

专利赋予发明所有者排除他人制造或使用其发明的权利。这意味着任何想要使用一项发明的公司都必须向发明者付费以获得使用该发明的特权。设计师可以为他们的设计申请专利。最近，为在实验室中大量创造的植物、基因、细胞甚至动物申请专利也成为可能（尽管许多人对任何人都可以为生命体申请专利的想法感到不安）。要获得对其发明的保护权，发明人必须向美国专利商标局提出申请。美国专利商标局仅授予专利权给对现有发明进行"并非常人所能想见"的改进的发明。换句话说，发明者必须提出一个真正原创的想法，而不是简单地调整一些常见做法。美国专利的有效期只有20年。有效期后，任何人都可以免费使用该专利或生产该发明。

企业和政治

企业自然而然会试图以有利于自己的方式影响政府。有时，它通过商会这种就具体问题向政府机构进行游说和交涉的组织来影响政府，从而使自己获利。企业经常被指控通过向其偏好的候选人捐赠竞选基金来购买政治影响力。如果这些政客当选，然后人为地抬高这些企业运营所在行业的物价（有可能是通过立法使新公司难以进入原市场），那么企业中参与捐赠的股东和工人将受益。然而，消费者会因为价格的上涨而受到不利影响，经济的整体效率也会降低。

美国企业有多少胜算能使有利于他们的立法得以通过，通常取决于他们对众议院和参议院有权势的成员的影响程度。众议员或参议员会认识到，对某些公司有利的事情，对他们所在的地区同样有好处，因此会投票支持该企业。

国会议员们通常试图获得委员会主席这样的职位，来帮助他们保护本州企业。已有政治改革得到提议，要求由国会各委员会主席组成的国家政党加强控制。此举意在迫使国会更多地从国家利益出发，少从地方重要企业的利益出发。诸如《麦凯恩法案》（McCain Bill）的失败等事件已经促使许多人呼吁制定法律，限制政客们在竞选活动上花费的金额。

许多人担心，如果没有这样的法律，大企业将一直能够利用自己的资金去影响政界人士，做出对股东有利、对工人、消费者以及

企业利益如何影响立法？

为保护国内产业的利益，进口商品可能会被施加限制。例如，20世纪50年代，两位最有权势的国会议员，众议院议长萨姆·雷伯恩（Sam Rayburn）和参议院多数党领袖林登·约翰逊（Lyndon B. Johnson），都来自盛产石油的得克萨斯州。他们通过国会对进口石油的限制一事发挥了重要影响。这些规定的效果之一是提高了美国石油生产商报价。

此外，在关于1981年预算的争论中，美国行政管理和预算局主任大卫·斯托克曼（David Stockman）意识到，他无法说服国会减少对田纳西州克林奇河核电站的补贴，因为参议院多数党领袖詹姆斯·贝克（James Baker）来自田纳西州。斯托克曼解释说："这不值得去争取。这个想法没有贝克的同意是不会通过的，而克林奇河对贝克来说生死攸关。我知道这是一个非常糟糕的理由。"

另一个案例发生在20世纪90年代后期，当时一些政治家和记者争辩说，烟草公司对国会产生了不利的影响，因为它们是两党许多国会议员们再任资金的主要捐助者。烟草公司和其他公司也在华盛顿特区聘请游说公司，试图说服国会议员及其团队成员投票赞成或反对某项特定法案。公司也会在广告上花钱，告诉选民某项法律不符合他们的利益。

1998年，参议员约翰·麦凯恩（John McCain）发起了一项法案，该法案将在每包香烟的价格上增加1.10美元的税。烟草公司花费了5000万美元，用在批评麦凯恩法案的电视广告上。密苏里州参议员克里斯托夫·邦德（Christopher Bond）报告称，他收到了400个支持和50000个反对该法案的选民电话。参议员邦德（Bond）投票反对了麦凯恩的法案，最终国会没有通过法案。

国家经济整体健康不利的决定。然而，另一些人认为，这种对竞选活动开支的限制将限制候选人的言论自由，并严重限制通过广播和广告提供给选民的信息量。

政府购买力

关于地方利益的争论只是政府和企业交融的一个层面。另一个层面是由政府购买力所创造的。政府通常是国家经济体中最大的单一购买者。比如说，他们是最大的，有时甚至是唯一的武器买家。在其他层面上，比如购买计算机系统，甚至铅笔，政府也可能是国家范围内最大的单一消费者。这会导致各种后果。一方面，这会鼓励企业利用腐败来赢得政府的大合同，这在许多国家都是一个严重问题的问题。另一方面，政府在航空航天等行业可能具有巨大的影响力，并可以通过合同的分配对这些行业进行有效控制。

企业对政府的影响程度以及确保这种影响的方式因国家而异。在一些国家，贿赂文化已成为公认的商业惯例。西方国家对政客可以接受的礼物或金钱的数量以及用于何种目的有严格的规定，但在鼓励商业并和政客保持良好关系、腐败弥漫并导致市场扭曲这两种文化之间存在着一条微妙的界限。控制企业对政府的影响是一个持续存在的问题。

一些人认为，烟草公司对选举基金的大额捐款，使它们在国会曾有很大影响力。

鼓励和保护企业

政府鼓励企业的方式是政府和企业关系的

禁酒令

如果政府认为某些商品或服务的供应会对其人民造成损害,它可能会不时地试图监管或禁止某些商品或服务。在每个社会中都有一些人强烈反对酒精。在20世纪初的美国,禁酒游说团体变得如此有影响力,以至于在很长一段时间内,酒精不仅在1919年10月28日成为法律的《国家禁酒法》(National Prohibition Act)中被定为非法,还被美国《宪法(第十八修正案)》(Eighteenth Amendment to the U.S. Constitution)定为非法。

尽管禁酒令被严格执行,但它并没有阻止酒类的销售和消费,它们只是被转入地下进行。因而一种新的犯罪出现了——贩私(酒类运输),一起出现的还有被称为地下酒吧的新的秘密酒馆。由于有被警察发现的危险,酒类变得比以前更难获得、制造和分销。这些因素共同推高了酒的价格,其结果就是尽管富人仍买得起酒,但是穷人买不起酒。

经济学家对禁酒令感兴趣的另一点是,该时期是建立半垄断企业的模型。只要饮酒是合法的,许多公司和个人就会生产和销售酒类。由于酒精是非法的,而对酒的需求仍然存在,这个行业就落入了黑社会的手中。强者驱逐弱者,直到只剩下阿尔·卡彭(Al Capone)和布格斯·莫兰(Bugs Moran)两大巨头。

许多经济学家认为,截至1929年2月14日情人节大屠杀,当卡彭的帮派枪杀了七个莫兰的手下时,酒类走私市场稳定了下来,黑帮战争很快就结束了。

没多久,禁酒令这项立法就被发现显然是行不通的。20世纪30年代初,民主党开始呼吁结束禁酒令。富兰克林·罗斯福在1932年总统选举中的胜利敲响了《宪法(第十八修正案)》的丧钟,该修正案于1933年被废除。

在禁酒令期间,美国警方执行禁止酒类生产和销售的法律。

国家经济

给学校投资

尽管大公司愿意向学校注资,但人们担心这些投资可能会使年轻人产生品牌忠诚度。

1997年,美国在4~12岁的儿童教育方面花费了大约140亿美元,而且这个总金额每年都在增加。一些公司希望尽可能多地在这个市场上分得一杯羹,他们通过赞助资金短缺的公立学校找到了一种令人兴奋,但颇具争议的方式进入这个市场。

目前,获得了大公司赞助的美国学校在走廊上挂满了全国性品牌和本地公司的标志,电脑的鼠标垫上印着广告,篮球馆装饰着带有标志的横幅。

根据1997年与可口可乐公司签订的独家合同,科罗拉多州斯普林斯市第11学区在10年内将获得至少840万美元。如果打破了每年7万箱可口可乐产品的销售目标,还会有更多资金。为了帮助实现这些目标,工作人员被敦促将自动售货机放置在全天可以使用的位置,教师被鼓励允许学生在教室里喝可乐。其他产品也被引进了学校。在一个可口可乐赞助的学校比赛中,一等奖是一辆雪佛兰骑士汽车,获奖者是一名全勤的大四学生。

可口可乐绝不是唯一一家参与此类活动的公司。一些三年级学生的数学书中有让孩子们数可可软糖(一种糖果)的练习。电视台第一频道已经成为学校免费电视和广告的主要供应商。

许多人对这种赞助形式的道德问题抱有严重疑虑,这让批评者想起了这样一句话:如果孩子在7岁之前受到了影响,这影响就会贯穿他们终身。但是,当穷困的公立学校可以得到免费的电脑甚至是免费的新足球场时,它们很难抗拒企业的广告。1989年,科罗拉多州斯普林斯市学校第11学区亏损1200万美元,主要是因为教育预算20多年来都没有增加。该学区的辩护者表示,为了应对当地纳税人的挑战,它必须变得更有创意,更有效率。

一个主要因素,其最基本的形式是确保市场有效运作。然而,政府可能也觉得有必要进一步干预,甚至违背自由市场的力量。当政府认为对一个国家繁荣很重要的行业需要受到保护以免遭遇外国竞争时,这种情况常常会发生。一个现代的典型例子是,欧洲共同体通过向农民提供补贴和对外来农产品征收关税的方式,保护其农业免受美国产品竞争。在欧洲,特别是在法国,繁荣的农业被认为是这个国家身份的一部分,因此欧洲共同体的居民被迫要为农产品支付更多的费用。

美国钢铁产业

与此同时,钢铁产业提供了一个美国商业游说对美国整体经济不利的例子。1950年,美国钢铁产业非常庞大,但从那时起,日本和韩国等其他国家显然可以以更低成本制造钢铁。1999年,美国国会投票赞成对价格"不公平"的进口钢铁征收关税(或税收)。这项进口税提高了美国国内的钢铁价格,这对钢铁公司的股东和工人有利,但美国建筑公司和其他钢铁购买者的成本却提高了。在这里,政治考虑再次凌驾于合理的经济因素之上。政客们常常觉得他们必须支持组织良好、可以直言不讳地表达自己利益的钢铁工人,他们也同样意识到钢铁是现代关键的材料之一。美国认为自己必须维持庞大的钢铁工业。

同样,政府往往希望通过阻止来自国外的竞争来保护新兴产业。人们普遍认为,日本政府从20世纪60年代开始,通过苛刻的要求和关税壁垒以保护本国工业,尤其是汽车产业。尽管世界贸易的增长可能会受到日本贸易保护主义的影响,但谁能说这些政策从长远来看是错误的呢?

国家经济

补贴和内部投资

政府影响公司和企业的另一种方式是向企业提供补贴、减少监管或降低税收,以鼓励他们在失业率高的贫困地区等特定区域进行投资。该政策的一个早期例子是新泽西州于1899年通过的一项宽松的托拉斯法。这个法规是用来鼓励标准石油公司在新泽西州立足,当时它正在参与托拉斯和垄断之争。

在美国,这种做法最明显的例子是,许多南方的州努力鼓励日本和德国汽车制造商在他们的土地上建厂。亚拉巴马州、肯塔基州和田纳西州等州为日产汽车和土星汽车等公司减免公司税,拨款建设新道路,排干沼泽地,并提供资金培训美国劳动力。例如,1993年,当梅

尤其是在钢铁行业,韩国是美国的经济竞争对手之一。

政府和企业

赛德斯-奔驰决定在塔斯卡卢萨县建立一家新工厂时,亚拉巴马州向该公司提供了总额为2.5亿美元的一系列补贴和税收减免。这是当时美国各州向外国投资者支付的这一类款项里的最大一笔。有人认为,各州将纳税人的钱支付给外国公司,作为其向美国投资的"奖励",这种做法是错误的。

为了尽量减少此类项目的争议,美国各州经常宣传纳税人的钱实际上被用于建造建筑物和培训工人,而不是作为补贴直接提供给外国公司。如果外国公司本身无论如何都要以其他方式花掉这些钱,有人可能会说,各州实际上是在为投资支付回报。

亚拉巴马州政府向奔驰公司提供了大量的鼓励措施,以鼓励该德国公司在该州建立一家汽车厂。

税收

政府税收中的很大一部分寄希望于企业。然而，对企业征税是一个争论焦点。税收是根据利润而缴付的，因此，在支付绝大多数营业税的大公司里，税收实际上是由公司股东支付的，他们为了购买股票而将收入存起来。由于对利润征税不利于人们储蓄，经济学家普遍认为不应该对企业利润征税，而应该只对个人支出征税。然而，大多数政府对企业利润征税，可能是因为这对他们来说相对容易——企业通常是大型组织，不能隐藏或逃跑，他们也有法律义务保持准确的记录。

政府和劳动力

地球上有70多亿人,这是最强大的经济资源之一。但并不是所有人都可以工作,有人太小,有人太老,有人身体条件不好。排除这些人,剩下的人就构成了"劳动力"。

劳动是人类在生产过程中付出的脑力和体力。经济学家通常将劳动和创业活动区分开来,创业活动是生产过程的管理和组织,并包含承担风险的意愿。这两者都是人类对生产的贡献,但企业家的角色非常重要,值得单独对待。

劳动关乎人

传统经济理论将劳动力等同于其他类型的生产资源,并使用市场分析工具来检验劳动力市场中的决策。劳动量通常以小时来计算,而价格仅是简单地用时薪来结算。劳动力市场由所有劳动力的买方(即公司、企业)和卖方(工人、雇员)组成。尽管如此,劳动力显然不像其他任何资源。劳动力是可能(或往往)受到严重剥削的人。

劳动是生产过程中人的体力和智力付出。一些不那么传统的工作,比如这个空中特技演员,需要付出很多的体力和脑力。

这是将经济分析简单地应用于劳动力的一个核心问题。这也是政府干预劳动力市场的原因之一。因此，打个比方，政府可能会规范工作条件、工会以及企业与工会的关系，政府也经常提供职业介绍所，大多数发达国家都会提供某种失业补偿。

劳动力和其他生产资源之间也存在一些关键的经济差异，而不是道德差异。也许最明显的区别是劳动力不能买，只能租。也就是说，除非大家愿意考虑回到奴隶社会！传统经济理论对待劳动力的方式与劳动力在经济中存在的方式之间的另一个关键区别是，劳动力既是多维度的又是异质的。这意味着有多少不同种类的人就有多少不同种类的劳动。体力、智力、培训程度和人际交往能力只是员工之间差异的几个例子。传统上，人们认为工作是全职的。但在过去的几十年里，兼职、轮班和零工变得越来越普遍和重要。

劳动力市场的主要趋势

美国政府对劳动力市场的干预在20世纪大大加强，特别是自20世纪30年代的大萧条和作为新政一部分的社会福利立法以来。一些大趋势也影响了劳动力和政府的角色。

在过去的100年里，美国经济规模大约翻了一番。这种增长不仅仅是现有产业扩张的结果，更是多种因素共同作用的结果。其中最重要的两个因素是制造业的衰退和服务业的崛起。

20世纪初，西方经济体正处于大规模生产技术被广泛应用的时期。这导致了制造业规模和产量的大幅增长。整个20世纪，制造技术变得越来越自动化，员工角色的转变也反映了这一点。在这些行业中，生产同样多的产品所需要的员工更少了。然而，在制造业从业人数急剧下降的同时，从事医疗、法律服务等服务业的人数却在

政府和劳动力

增加。

根据美国劳工统计局的数据，美国劳动力总数1919年为2700万人，1998年增加到近1.26亿人。在同一时期，参与制成品生产的工人从1060万人增加到1870万人，参与商品生产（其中部分是制成品）的工人从1280万人增加到2530万人。让我们仔细看看这些数据。1919年，制造业工人占劳动力的比例略低于40%。到1998年，他们占劳动力的比例略低于15%。参与商品生产的工人比例从1919年的47%下降到1998年的20%。劳动力的真正增长在服务业。服务业就业人数从1919年的1430万人增加到1998年的1.005亿人。参与服务生产的员工比例从1919年的不到53%上升到1998年的近80%。

如图是在加利福尼亚州一家纺织厂。1919年，制造业工人占所有劳动力的近40%。到1998年，制造业工人的占比略低于15%。

国家经济

1948年，美国的劳动参与率（即有工作或正在找工作的工作年龄人口占总人口的百分比）为58.8%，1998年这个比率已升至67.1%。重要的是，第二次世界大战以来进入劳动力市场的女性不断增加。以丈夫为唯一收入者、妻子从事非市场劳动（如家务和育儿）的传统家庭已越来越少。虽然总体劳动力参与率有所提高，但男性参与率实际上已从1948年的86.6%下降到1998年的74.9%。这一下降被女性参与率的提高所抵消。1948年，妇女在劳动力中只占32.7%的比例；到1998年，这个数字上升到59.8%。

上述趋势，特别是劳动力中女性人数的增加，产生了许多影响，一些是经济层面的，一些是社会层面的。例如，双职工家庭的增加催生了儿童保育服务、方便食品和家政服务等新产业。与此同时，就业性质的变化意味着政府要发挥作用。例如，对那些因旧产业关闭或产业更机械化而失去工作或找不到工作的人，要帮助他们接受再培训并匹配新工作。

第二次世界大战期间，女飞行员准备飞往法国担任空中救护飞行员。获得新技能、领取工资以及由战争带来的新独立感将永远改变女性的工作习惯。

政府和劳动力

铆工罗西（第二次世界大战时美国女工的统称）

很明显，战争会影响政府角色。相应地，它也会对劳动力市场趋势产生重大影响。美国于1941年12月参加第二次世界大战。这带来了经济和社会上的迅速变革。由于征兵，劳动力中的男性人数减少了。1942年年底，劳动力短缺影响了工业产出。战争人力委员会将目标转向了女性，她们此前大多不是劳动力，并开始了一场公关运动——铆工罗西，旨在吸引女性从事对战争至关重要的产业。

这场运动成功了，不仅体现在之后的5年里超过600万名女性加入了劳动力大军，它还揭示了对职业女性逐渐改变的态度，在大萧条时期，女性并没有努力找工作来支持家庭，而是决定留在家里，把工作交给"爸爸"。当时的职业女性收到的多是蔑视，而非赞扬。但在1942年至1944年间，女性加入了钢铁厂、弹药厂、造船厂和飞机厂等"男性"工厂。

对于许多想要工作的女性来说，最大的问题是缺乏托儿服务。除了著名的西雅图波音公司会为在职母亲提供日托、护理和建议，很少有其他公司提供任何帮助。

"铆工罗西"是活动之星，也是新女工的代表，她爱国、爱家，想帮忙打赢战争，让她的男人早日回家。她也愿意当战争结束时回到从前的状态。或者她不愿意？

战争结束后，女性被鼓励回到战前的家庭生活，1946年在职女性比1944年少了400万名。然而，根据1945年进行的一项全国民意调查，四分之三的妇女表示如果有得选，她们愿意保留自己的工作。女性接受了培训，获得了收入并受到了尊重。随着战后经济的扩张，许多女性重返工作岗位。1950年，职业女性的数量几乎达到了战时的高峰，尽管她们大多数人从事的是低收入职业。

尽管如此，当美国在日本偷袭珍珠港后参战时，女性占劳动力的25%，这仍然是一个了不起的数据。5年后，这一数字上升到36%，增长人数比此前40年的总和还要多。

工资决定理论和工资差异的原因

将工人分配到工作岗位并协调聘用决定的市场被称为劳动力市场。劳动力市场被认为与经济学中讨论的任何其他市场一样，可能会受到市场失灵的影响。政府可能会进行干预以纠正或减少这种市场失灵的影响。劳动力市场由买方（雇主）和卖方（雇员）组成。为了检验这些群体的相互作用，需求和供给这两个市场分析工具是有用的。

劳动力需求

影响劳动力需求的因素有很多，但有一种见解可以统一这些因素。首先要注意的是，劳动力的需求是衍生需求。这意味着，雇主购买劳动力不是因为他们从雇员本身那里获得内在效用，而是因为劳动力可以用来产出商品和服务（这些是可出售以产生收益的）。因此，对劳动力的需求来源于对产出的需求。简而言之，雇主愿意为聘用劳动力支付的金额取决于劳动力能带来多少收益。

理论上，这个想法是通过劳动的边际生产收益（MRP）来实现的。边际生产收益只是企业聘用的最后一个劳动单位所产出的价值。边际生产收益还可以进一步细分。边际生产收益是由劳动的边际实物产品（MPP，最后一个劳动单位产出的单位数量）乘以产出价格得出的。

打个比方，一家巧克力公司每天生产100000磅（1磅=0.454千克）手工包装的巧克力，巧克力价格为每磅0.5美元。假设巧克力公司要求一名员工额外工作一个小时，并且由于这个额外的工作时间，公司当天多生产了20磅巧克力。公司的总收入从50000美元（100000磅×0.5美元/磅）增加到50010美元（100020磅×0.5美元/磅）。

在这种情况下边际生产收益是10美元。它也可以通过将额外产出量（边际实物产品 MPP 在本例中为20磅）乘以价格水平来计算。

表4提供了另一个有助于阐明 MPP 和 MRP 概念的例子。可以看出，由于收益递减规律，MRP 随着雇员的增加而下降。在所有其他生产要素（如土地和资本）不变的情况下，可以通过增加所聘用的劳动力数量来增加产出，但只能以递减的速度增加。在就业水平较低的情况下，可以增加额外的员工、额外轮班等。由于专业化的提高，在非常低的就业水平下 MRP 预期会提高。然而在较高的就业水平下，会有更多的员工无法有效利用其他投入。例如，维护计划可能会作为"停机时间"影响造成生产中的额外

一家巧克力公司利用劳动力来生产可以销售并产生收入的商品。他们愿意为这些劳动力支付的金额取决于这些劳动力能产生多少收入。

时间。在非常高的就业水平下，MRP 会因为多余员工的相互妨碍而变为负数。

总之，劳动力需求是由劳动力产出的价值决定的。企业将需要足够的劳动力以使支付的工资与边际生产收益相等。这是因为如果工资低于边际生产收益，那么公司就有可能聘用额外的劳动力并获得额外的利润。例如，如果工资是10美元/时，而MRP是12美元，那么公司可以花费10美元用于另一个小时的劳动并产生12美元的额外收入，这样该公司可以产生额外2美元的利润。同样，如果工资高于边际生产收益，公司可以通过裁员来提高利润。因此，企业需要一定数量的劳动力，使得工资等于边际生产收益。

表4 所需的工时数对应着工资与边际收益产品 MRP 相等的位置

劳动工时（小时）	总产出（磅）	边际实物产品（磅）	产品单价（美元）	收益（美元）	边际生产收益（美元）
0	0	—	10	0	—
1	10	10	10	100	100
2	19	9	10	190	90
3	27	8	10	270	80
4	34	7	10	340	70
5	40	6	10	400	60
6	45	5	10	450	50
7	49	4	10	490	40
6	52	3	10	520	30
7	54	2	10	540	20
8	55	1	10	550	10
9	55	0	10	550	0
10	54	-1	10	540	-10

劳动力供给

是什么决定了人们想做多少工作？毫无疑问，每个人对自己的具体选择有不同的理由，但我们的一般理解得益于把劳动力供给的数量与另一个好处——闲暇时间联系起来。决定投入多少时间工作与休闲时间观念密切相关。

请注意，每个人的可用时间是有限的：一天只有24小时。现在假设只有两种方式来度过这些时间：劳动和休闲。劳动是花在工作上的时间；休闲是花在工作以外任何事上的时间。当然这是一种简化，但它本质上是对的。

将劳动与休闲结合起来考虑有助于我们理解劳动供给决策的本质。如果你把所有的时间都花在工作上，那么你就没有时间睡觉、吃饭、阅读、看电视或是做除工作以外的任何事情。如果你将所有时间都花在休闲活动上，除非你有私人收入，否则你的选择将受到严格限制。你没有收入来购买休闲时间值得拥有的商品

对人们想要工作的程度的一般理解是：决定花多少时间在工作上与休闲密切相关。如果你不工作，你就没有钱去踢足球、去玩滑板，或者去旅行。

和服务。除非你去工作，否则你将没有钱购买食品、住房、电视、书籍、机票和汽车等。大多数人选择每周工作几十个小时，这并不奇怪。

劳动力市场的平衡

当雇主需求的劳动力数量恰好等于工人提供的数量时，劳动力市场就处于平衡状态。这种平衡由劳动力需求曲线和劳动力供给曲线的交点表示（见图14）。反作用力意味着劳动力市场趋向于这个平衡点。让我们依次考虑两种可能性。第一种，市场工资低于预期的平衡值；第二种，它高于这个平衡值。

假设市场工资低于预期的平衡值。在这个水平上，劳动力供不

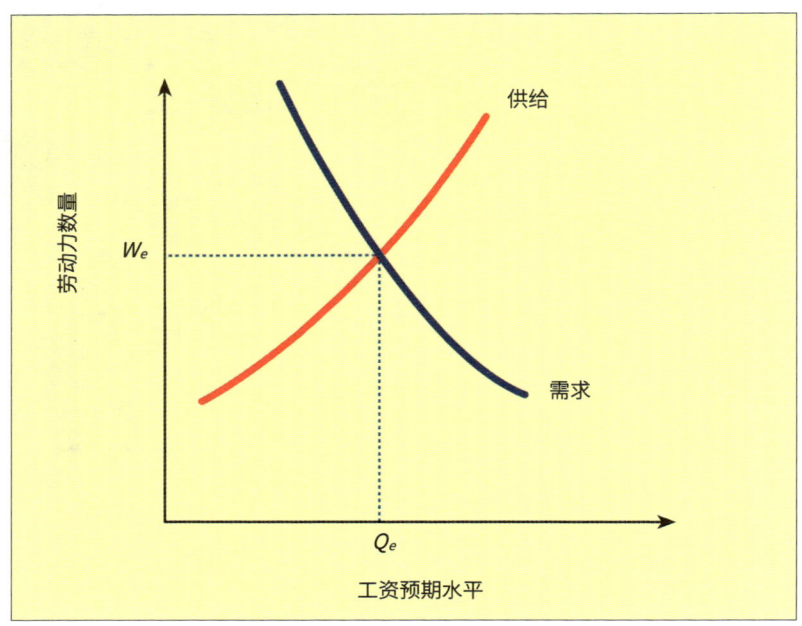

图14 劳动力市场平衡分布图
注：工资预期水平对应着劳动力需求等于供给的位置

应求，换句话说，就是劳动力短缺。一些雇主希望聘用比目前工资水平能吸引到的更多工人。这些公司应该怎么做？吸引更多工人立竿见影的方法是提高工资水平。只要公司支付额外工人的金额低于这些工人的边际生产收益，公司的利润就会随着工资的增加而增加。随着市场工资的上涨，我们注意到劳动力供给增加，劳动力需求减少。这沿着劳动力供给和需求曲线的移动表现出来。因此当工资水平低于我们预期的平衡水平时，工资就有上升的趋势。

为了让大家接受预期的平衡工资，让大家知道工资水平在高于预期的平衡值时会发生什么也很重要。在这样的工资水平上，劳动力会供过于求，这就是劳动力过剩。有些人虽然愿意并且能够以现行的工资水平工作，但找不到工作，这就导致失业。一些失业工人愿意以低于当前工资水平的工资工作，他们将压低市场工资以试图找到工作。随着市场工资水平对此过程的反应，可以观察到劳动力需求量增加和劳动力供给量减少。这沿着劳动力需求和供给曲线的移动表现出来。因此，对于高于预期的平衡工资水平，工资会有下降的趋势。然而，工资也可能不会自动调整到需求供应平衡的水平。这可能是工会压力或政府通过最低工资立法的结果。

劳动力需求和供给的决定因素

劳动力需求和供给并不总是恒定的。有很多因素会影响人们选择向市场供应多少劳动力，以及企业想要购买多少劳动力。

劳动力需求的决定因素

劳动力的边际生产收益是劳动需求的核心，对边际生产收益（MRP）的任何改变都会改变劳动需求关系。首先假设对某些特定行业的产出需求增加。所以在任何给定的产出价格下,可以出售的产出都比以前更多,因此均衡产出价格会上升。请记住,边际生产收益只是边际实物产品乘以产出价格。均衡产出价格的增加会使边际生产收益向右移动,因此代表劳动力需求的增加。实际上,这意味着,如果对龙虾等产出的需求上升,将需要更多的渔民来供应龙虾。

同样,可以分析生产过程中另一种投入的价格变化带来的影响。假设资本成本下降50%,换句话说,假设获得厂房和设备的成本下降了太多,以至于公司可用相同金额购买以前的工厂和设备的两倍。资本成本下降会导致产出供给增加,产出的均衡价格下降。还要记住,边

一些行业比其他行业劳动密集型程度更高。例如,檀香山的一个菠萝包装厂需要大量的劳动力来完成无法实现机械化的工作。

际生产收益就是边际实物产品乘以产出价格。因此，资本成本的下降使边际生产收益向左移动，这代表劳动力需求的下降。实际上，这意味着，如果汽车制造机器人的价格下降，那么随着制造商转向资本密集型技术，对目前相对昂贵的汽车工人的需求将减少。

　　这两个示例都采用了给定的边际生产收益。现在假设发生了某些事情能影响劳动力的基本生产力（例如，新技能培训或更好的劳动教育）。劳动生产率（即边际实物产品）的上升会提高边际生产收益并增加对劳动力的需求。最终，除了市场工资和劳动力数量之外，任何影响边际实物产品或产出价格的因素都将改变劳动力需求曲线。

一些高科技产业高度机械化，并由计算机控制。像这个压缩机装配公司，此类行业的产出只需要很少的劳动力，但需要对机械投入大量支出。而如有些相对劳动密集型的计算机装配厂，在机械方面的资金投入则相对有限。

劳动力供给的决定因素

劳动力的市场供给量会受到各种各样的影响,包括工作动机、所得税、失业补偿、人口增长和劳动力参与率在内的因素都会影响劳动力供给。总的来说,任何能提高工作效率的事情,不管是特定市场上的工人数量还是劳动力的参与率,这些因素的增加都会带来劳动力供给的增加。相反,任何会造成工作效率下降的行为都会减少劳动力供给。

工作积极性受到许多因素的影响,而这种积极性最常被讨论的决定因素之一是所得税。假设所得税率为100%,这意味着通过劳动力市场获得的任何收入都将以税收的形式支付给政府。不难看出,如果所得税率为100%,为什么工作的积极性会很低。这个极端的例子说明了由政府设定的所得税率与劳动力供给之间的关系。争论的焦点是,这对经济的影响有多大,以及税率的变化将对劳动力供给产生什么影响。

人口增长显然很重要。当新工人达到工作年龄时,他们会开始寻找工作,劳动参与率的影响就不那么明显。如前所述,劳动参与率是劳动力与劳动适龄人口总数的比率。如果劳动参与率上升(人口数保持不变),劳动力的规模肯定会增加,这将增加劳动力供给。

综上所述,劳动力供给曲线是一条向上倾斜的曲线,其形状取决于工作和休闲之间的权衡。当工作积极性、劳动参与率和人口发生变化时,这条曲线就会随之改变。在其他条件相同的情况下,任何劳动力供给的增加都会增加市场上聘用的劳动力数量,并降低市场工资。然而,如上所述,劳动力市场并不总是通过简单调整工资水平来反映需求或供给的变化。

政府和劳动力

放宽基本假定

许多简化的假设被构建在上述劳动力市场的均衡之上。其中最主要的观点是，有一种称为劳动力的同质资产按小时收费，而即使是对经济的粗略考察也表明，情况并非如此。

支付员工薪酬的方式多种多样。除了上面谈到的时薪外，许多员工拿到的都是固定工资（无论他们工作了多少小时），这种安排在管理层或专业工人中比在生产工人中更加常见。附加福利，如医疗保险和公司补贴的养老金计划等，是许多员工薪酬方案的又一重要组成部分。

经济学家面临的一个难题是，不同的种族和性别间通常存在不合理的工资差异。然而在高薪职业中，这些差异并不那么明显。

许多员工通过利润分享、奖金等机制和其他形式的激励计划获得部分报酬。道格拉斯·克鲁斯（Douglas Kruse）在《利润分享：是否有所作为？》（*Profit Sharing: Does It Make a Difference?*）中指出：根据收集到的系列数据，有六分之一到四分之一的美国雇员和公司参与了利润分享。利润分享并不新鲜。自1963年以

111

来，有19%到23%之间的公司一直保持使用利润分享制。克鲁斯发现，平均而言，采用利润分享制可以提高3.5%到5%的生产率，小公司生产率的增幅似乎高于大公司。虽然平均增长为正，但个别公司的结果存在相当大的差异，因此，利润分享制并不能保证成功。

克鲁斯还发现，有证据表明，利润分享的公司就业水平比其他公司的就业水平更稳定。这可能是因为，在需求低迷时期，这些公司的安排会导致工资自动下降，这能减轻公司裁员的压力。

最后，似乎没有什么比市场工资更简单的事情了。分析劳动力市场数据的经济学家面临的难题之一是：是否存在不合理的工资差异？

1997年，木匠工会成员在纽约市举行罢工集会。在21世纪初，工会所支持的许多传统事业已被法律规定所保障。种族和性别等非传统问题似乎可能成为工会在新千年议程上的首要任务。

工人的技能、教育水平和经验等都各不相同，这些特征都会影响员工个人工资。然而即使承认了这些不同，工人之间的工资水平仍存在显著差异。最常见的两个差异来源是性别和种族。白人女性全职员工的平均收入约为白人男性全职员工平均收入的68%。这种差异部分源于职业和其他因素。在其他方面完全相同的男性和女性之间仍然存在10%～15%的工资差距。不同种族之间有时也存在类似的差距。

这意味着，政府要在立法方面发挥作用解决这种差异，也意味着员工组织要以工会的形式发挥作用。

工会的作用

工会的努力使现代经济中劳资关系的性质发生了重大变化。

虽然美国雇员的全国性组织始于19世纪中叶，但现代劳工运动的根源可以追溯到1881年成立的美国劳工联合会（AFL）。美国劳工联合会原先是一个职业工会联合组织，职业工会代表了具有特定工作技能的成员的利益，美国劳工联合会由电工、木匠、印刷工人等工会组成。

这种职业工会结构被证明不适合工业时代。因为随着工厂制度的兴起，劳工组织者发现，如果他们能用一个声音代表工厂中的所有工人，而不是代表几个相互竞争的职业工会，他们就会有更大的影响力，行业工会由此产生。行业工会包括一个行业中的所有工人，无论他们的职业是什么。工业组织大会（CIO）成立于1935年，原先是一个行业工会。当今的全美汽车工人联合会（UAW）是行业工会的一个典型例子。任何在美国汽车厂工作的人都有资格成为全美汽车工人联合会的成员。美国劳工联合会和工业组织大会于1955年合并为 AFL/CIO，成为 20世纪美国最重要的政治力量之一。

工会是致力于在劳动力市场上创造和行使权力的组织。工会试图在特定市场中成为劳动力的唯一卖方。经济学家将这种单一卖家环境称为垄断。如果一群公司串通起来试图保持低工资，就会被认为是在形成垄断，因此违反了《谢尔曼法》。然而，由于1914年的《克莱顿法》将工会从反垄断起诉中删除，因此工人可以通过工会串通以保持高工资。这是因为当时的政府认为《谢尔曼法》存在一定的漏洞，大公司仍然拥有过大的权力。《克莱顿法》试图在一定程度上纠正这种权力的不平衡，以帮助那些被认为处于劣势的工人。

反对童工运动的代表性工会海报，发布于1910年。反对童工是20世纪初期工会运动的核心内容，现在已经被大部分国家写入法律。

美国国家劳资关系委员会

美国国家劳资关系委员会（NLRB）是一个独立的联邦机构，它有两个主要职能。首先，监督无记名投票选举，雇员可以通过选举决定是否由工会代表自己与雇主打交道。其次，确保雇主和工会没有不当劳动行为。

雇主不得：
- 威胁员工如果他们加入或投票支持工会，或参与受保护的协同活动，就将失去工作或福利。
- 威胁员工如果他们选择工会来代表他们就将关闭工厂。
- 询问员工有关工会支持或活动方面的事务，或在员工行使《国家劳动关系法》规定的权利时，意图进行干扰、限制或胁迫。
- 承诺向员工提供福利，以阻止他们支持工会。
- 因为员工参加工会或从事受保护的协同活动，而对员工采取调动、裁员、解雇或分配更难的工作任务等措施。

工会不得：
- 威胁员工如果他们不支持工会活动就将失去工作。
- 因为员工批评了工会官员而拒绝处理申诉。
- 处罚已经退出工会后仍从事受保护活动的员工。
- 在员工已支付或提出支付合法的入会费和定期会费的情况下，因其未在规定时间内加入工会而将其除名。
- 基于种族或工会活动，不在职业介绍所予以推荐或优先录用。

NLRB 并不主动寻找不当劳动行为，它只处理那些由雇主或工会提出的指控。当不当劳动行为被提起指控时，NLRB 会调查是否有合理的理由相信已经发生了违法行为。如果调查发现有合理的理由相信已经发生了违法行为，NLRB 会寻求当事人自愿和解。如果和解失败，就会正式提起诉讼，案件会由 NLRB 行政法官进行审理。法官会发布一份书面决定，当事人可以向 NLRB 提出上诉，该决定也会在美国上诉法院进行复审。

根据案件的性质，如果在提出指控后 7～15 周内未达成和解，NLRB 的目标是完成调查并提起诉讼。在每年提出的全部指控（约 35000 项）中，约有三分之一被认定是有根据的，这三分之一的指控中超过 90% 达成庭外和解。表 5 展示了 1951—1997 年美国劳动力的失业率情况。

表5 1951—1997年美国劳动力的失业率（%）

年份	所有劳动力	男性	女性	16～19岁的所有男性和女性	白人	黑人和其他人种
1951	3.3	2.8	4.4	8.2	3.1	5.3
1955	4.4	4.2	4.9	11.0	3.9	8.7
1959	5.5	5.2	5.9	14.6	4.8	10.7
1963	5.7	5.2	6.5	17.2	5.0	10.8
1967	3.8	3.1	5.2	12.9	3.4	7.4
1971	5.9	5.3	6.9	16.9	5.4	9.9
1975	8.5	7.9	9.3	19.9	7.8	13.8
1979	5.8	5.1	6.8	16.1	5.1	11.3
1983	9.6	9.9	9.2	22.4	8.4	17.8
1987	6.2	6.2	6.2	16.9	5.3	11.6
1991	6.7	7.0	6.3	18.9	6.0	11.1
1995	5.6	5.6	5.6	17.3	4.9	9.6
1997	5.0	4.2	4.4	16.0	4.2	8.8

失业率：失业者在特定群体中占劳动力的百分比。

美国政府对有组织劳工的态度体现在国会通过的相关立法上。例如，《克莱顿法》首先使现代劳工运动成为可能。后来的系列立法也在很大程度上影响了工会和劳动关系。《铁路劳工法》（Railway Labor Act，1926年）确立了集体谈判的合法性。《诺里斯－拉瓜迪亚法》（Norris-La Guardia Act，1932年）限制了联邦政府介入劳资纠纷的权力。《瓦格纳法案》（Wagner Act，1935年）赋予所有雇员组织成立全国劳资关系委员会的权利。然而，《塔夫脱－哈特利法案》（Taft-Hartley Act，1947年）试图允许政府通过实施80天的"冷静期"来阻止罢工，从而使权力的天平重新向雇主倾斜。《塔夫脱－哈特利法案》

仅对危害公共健康或安全的罢工授予此权力。此外，该法案还规定雇主只从工会成员中雇人的做法是非法的。

当今工会面临着一个有趣的困境。许多早期劳工运动中工会争取的权利已被载入大多数西方经济体的法律和监管体系中。禁止童工、加强安全监管、加班费、伤残津贴、最低工资等法律都已被美国、欧洲、澳大利亚和其他地方的劳动力市场所接受。既然如此，当今工会的作用是什么呢？

在过去的几十年里，美国的工会成员人数一直在稳步下降，最近为应对这一问题所做的努力主要集中在招募少数族裔和女性上。这些群体历来回避加入工会团体，但种族和性别平等是21世纪工会致力于解决的重要问题。

劳动力市场失灵

在理想化的经济理论世界中，劳动力市场很简单。这些市场的行为与其他市场一样——调整供给量和需求量以获取在利润和效用方面的所有可能收益。在这个均衡状态下，实际工资等于劳动的边际生产力，并且在这个价格下不存在劳动力过剩或短缺，也不存在失业。只需让市场机制来设定工资和分配劳动力，就能实现大多数人的最大利益。

但在现实世界中，事情并没有那么简单。经济学使用术语"市场失灵"一词，来描述价格机制不能在市场中产生最佳结果的任何情况。接下来各小节将研究导致不同类型失业的几种劳动力市场失灵。

失业

经济学认为在现行工资水平下，如果劳动力供给超过劳动力需求，那么经济中就会存在失业。简而言之，想要工作的人多于可提供的工作。更正式地说，失业是那些愿意并能够以现行工资工作，但无法以这种工资水平找到工作的人的比例。有关更多详细信息请参见表5（P.116），关于失业的统计数据。失业有以下几种类型：季节性失业、周期性失业、结构性失业和摩擦性失业。

季节性失业

由劳动力供给和劳动力需求的季节性波动引起的失业称为季节性失业。苹果采摘者、圣诞零售店员和海滩救生员是三个受季节性因素影响的工作。有些工作只在一年中的特定时间存在。除了短暂的收获季节外，果园经营者需要的员工相对较少，苹果成熟会导致劳动力需求在短时间内大幅增加。那些由于对其技能的需求处于"淡季"而失业的人是季节性失业。

周期性失业

周期性失业反映的是商业周期衰退阶段发生的总产出下降。周期性失业与季节性失业在性质上相似，但其"季节"的长度并不那么明显或可靠。

市场经济体的表现存在很强的周期性规律。在繁荣时期（即当实际国内生产总值增长很高时），公司提高工资以试图获得他们需要的工人，使利润最大化。在萧条时期（即当实际国内生产总值增长是负数时）工资（或者至少是实际工资）下降，因为企业不再需要这么多劳动力，而且企业可能会在当前经济条件下解雇不需要的工人。那些由于对其技能暂时缺乏需求而没有工作的人，被称为周期性失业。

结构性失业

当品位、技术、税收或来自外国竞争的变化导致对某些技能的需求减少时,就会产生结构性失业。结构性失业指的是工人所拥有的技能不再会被需要。

美国钢铁工人的案例就是一个很好的例子。在整个20世纪80年代,美国钢铁工业经历了重大的结构性变化,并受到了激烈的外国竞争,这意味着美国所需的钢铁工人数量急剧下降。

这种转变也反映在其他行业中,是美国经济从制造业为主向服务业为主总体转变的一部

20世纪80年代,美国钢铁行业面临着激烈的外国竞争,这意味着美国的就业人数急剧下降。

分。当前的市场上，有许多员工以前工作中的技能已经不再被市场需要。结构性失业尤其令人担忧，因为它不像季节性或周期性波动那样能够快速地自我纠正。重新培训员工需要时间，获得新技能也需要钱。尽管政府可能会介入再培训计划，但这种支出对失业者来说仍旧很是问题。

在过去的30年里，从制造业到服务业的巨大变化导致了严重的结构性失业。比如这家男装店的再培训计划，是应对这个特殊问题的主要武器。

摩擦性失业

摩擦性失业是指市场经济健康运行下的失业水平。例如，总会有人辞职去寻找更好的工作。举一个例子有助于阐明这一点。假设一位在纽约工作的女性获得了重大晋升，但她的新工作在洛杉矶。她跳到新的工作不会对失业数

做一天公平的工作，得一天公平的工资？

过去的一百多年里有许多人说，工人没有得到他们辛勤工作的全部回报，而这是资本主义的核心不公正行为之一。正是马克思首先提出了资本主义生产本质上是一种剥削制度，资本家，即工厂和企业的所有者，从生产中获得回报，而实际工作的人却成为盛宴上的乞丐。

这一论点的核心是剩余价值的概念。生产涉及结合土地，自然资源，原材料，生产资料（厂房、机械和工具）和劳动力等要素来生产成品。劳动力就像生产过程中的其他投入一样被对待。以这种方式生产的制成品实际上比最初投入其中的要素成本具有更高的价值——这被称为剩余价值。马克思的观点认为，一个工人可以在每天工作6～7个小时内"拿工资"，但实际上每人每天的工作时间还要更多（在马克思写作期间，工作日时长是12～15小时）。在这些额外的时间里，工人们生产不会得到额外报酬的"剩余"产品。

这种剩余产品提供剩余价值，代表了资本家的超额利润。在这种体系下，工人生产力的提高（通过培训和技能提升使他们生产更多产品）增加剩余价值。因此，工人生产力的提高会增加资本家的超额利润，但不会以任何方式使工人受益。事实上，工人的境况相对较差（他们的工资不如资本家的利润）。马克思认为，这将导致资本家和工人之间的竞争，因为资本家试图增加他们的利润，而工人试图抵抗。

尽管在很多国家，劳动力实现了工会化，现代社会的工资、工作条件和工作时间得到了改善，马克思的剩余价值理论依然具有适用性。

字产生任何直接影响，因为她是直接从一份工作转到另一份工作。但是，如果她有家庭，事情就可能不一样了。假设搬到洛杉矶意味着她的丈夫必须放弃目前的工作并在洛杉矶寻找新的工作。当她丈夫在寻找新工作时，他会在统计中被登记为失业者。

在任何时候，几乎一半的求职者要么辞掉了上一份工作重新进入劳动力市场，要么是新进入劳动力市场的人。这些人中的大多数都可以算作摩擦性失业。摩擦性失业只是重新分配劳动力使其发挥最大价值的结果。摩擦性失业一般不会持续很久，通常会使员工与工作匹配得更好。这就是为什么我们将摩擦性失业视为健康经济中受欢迎的一部分。

不充分就业

如果人们目前在工作，但从事的工作不能最大化其边际生产力，那么他们就是不充分就业。大萧条时期有许多这个问题的例子。对这段时期普通人困境，辛西娅·希勒（Cynthia Shearer）在《空中奇迹书》(*The Wonder Book of the Air*) 中有着有趣的文字记载。书中人物之一阿蒂叔叔（Uncle Artie）拥有佐治亚理工学院的物理学学位，在大萧条前曾在圣路易斯担任无线电工程师。经济崩溃导致他失去了工作，他搬回家和他在佐治亚州的大家庭住在一起，在当地做收音机修理工来维生度日。一个受过教育的人可以做很多其他的事情，但修理收音机是当时唯一可以做的事情。这本书描绘了大萧条时期美国生活的真实画面。虽然阿蒂叔叔是一个虚构的人物，但他是就业不足的一个很好例子。

充分就业

当周期性失业率为零时，就会存在充分就业。充分就业并不意味着没有失业。由于季节性、结构性和摩擦性因素影响，仍然会有失业者。自1950年以来，充分就业率从4%左右上升到5%～6%。

充分就业率值得政策制定者密切关注。就业需求管理政策是解决周期性失业问题的恰当工具，但不太适合解决如结构性失业等问题。再培训计划更适合用于解决结构性失业。

政府在解决劳动力市场失灵中的作用

当市场产生有效和公平的结果时，政府干预就没有什么作用了。然而在现实世界中，市场并不总能产生有效和公平的结果。失业、收入分配的极度不均、最低限度的安全规定、歧视性做法和许多其他不良影响都可能是由市场机制造成的（而且往往是这样）。在这些情况下，政府可能希望进行干预以试图纠正，或至少着手改善。

发达国家政府试图纠正劳动力市场的失灵，例如，向无法找到工作的人支付失业补偿金，以及向因健康原因无法工作的人支付残疾津贴。这些款项能让正在寻找工作、接受再培训或长期无法工作的人们生存下来。

多数西方国家还制定了童工限制、平等机会立法、同值同酬立法和职业安全法规，以防止不道德的雇主剥削工人。这些立法通常由各政府机构和委员会执行。许多国家的政府还规定了最低工资（低于该工资被认为是雇主对人们工作的剥削）。最低工资立法是政府干预劳动力市场的一种特别有争议的形式。

这些计划都旨在解决市场上的特定问题，但许多计划本身都会产生难题。政府必须权衡此类计划的收益和成本，即财政和社会成本，以及在激励和产出损失方面的成本。

政策权衡

政府只有在能够改善情况时，政府才应该干预市场。关于劳动力市场的公平和效率，以及政府在制定政策方面可能发挥的作用存在很多争论。

如上所述，当政府制定政策时，必须要考虑行动的成本和收益。这并不是一个简单的过程。例如，失业的成本包括产出和收入的损失。这反过来又对整体经济产生影响，减少了总需求和总供应，因为人们用于商品和服务的可支配收入减少了。此外，成本还包括技能损失和劳动力培训（人力资本的损失），犯罪率上升，以及长期失业的人所遭受的自尊丧失。

另外，经济学家认为失业的好处是一个国家拥有灵活的劳动力队伍，在不同的部门有扩展和变革的空间，人们可以更好地与现有工作相匹配。然而，失业的成本和收益都不容易衡量。

同样，即使像设定最低工资这样在概念上很简单的事情，也会产生各种相互关联的影响。衡量这些影响的成本和收益是困难的，也是引起广泛辩论的主题。

最低工资

最低工资按时薪计算，低于该工资买卖劳动力是非法的。大多数西方国家都有某种形式的最低工资和最低工资立法。在美国，1938年最低工资定为0.25美元/时，此后时有增加。1997年9月1日提高到5.15美元/时。图15显示了从1938年至1997年间最低工资的调整情况。尽管最低工资从未降低过，但美国在相当长的时期内保持不变。例如，最低工资在1981年1月1日涨到3.80美元/时，直到1991年4月1日才再次上涨到4.25美元/时。

这一时期美国的通货膨胀削弱了美元的购买力。图16显示了最低工资随时间的购买力变化。可以看到，最低工资根据可以购买的实际商品和服务，在1968年达到了顶峰。

尽管美国和其他国家已经实行最低工资，但多年以来，最低工资对经济的影响仍然存在激烈争议。传统经济理论使用劳动力供给和劳动力需求的工具来证明，设定高于现行市场工资的最低工资将降低整体就业水平并导致失业。图17演示了这一预测。根据这一理论，最低工资会导致工资被人为地保持在高位，而不是下降到市场处于平衡状态的水平。结果是因劳动力供给超过劳动力需求导致失业。

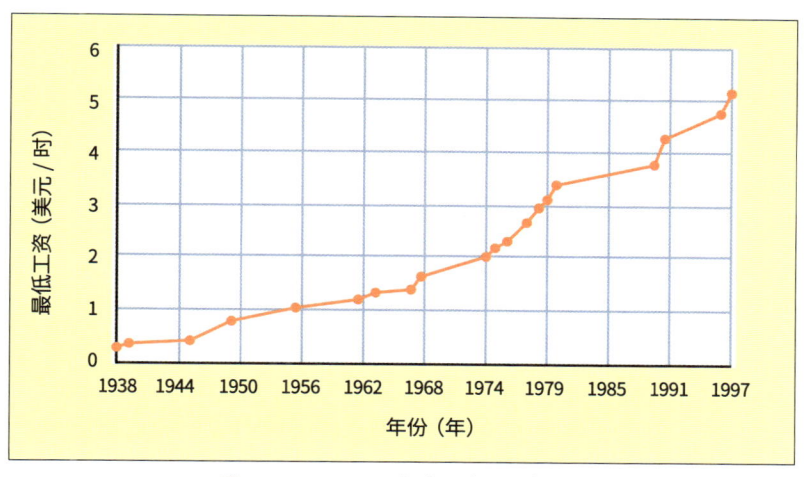

图15　1938—1997年美国最低工资水平

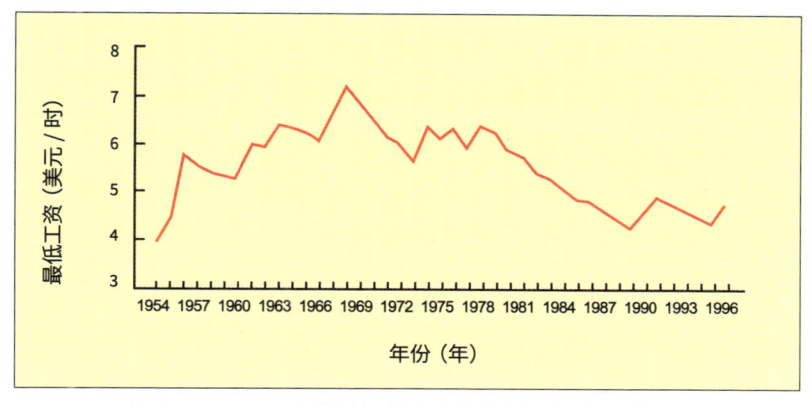

图16　1954—1996年美国针对通货膨胀调整后的最低工资水平

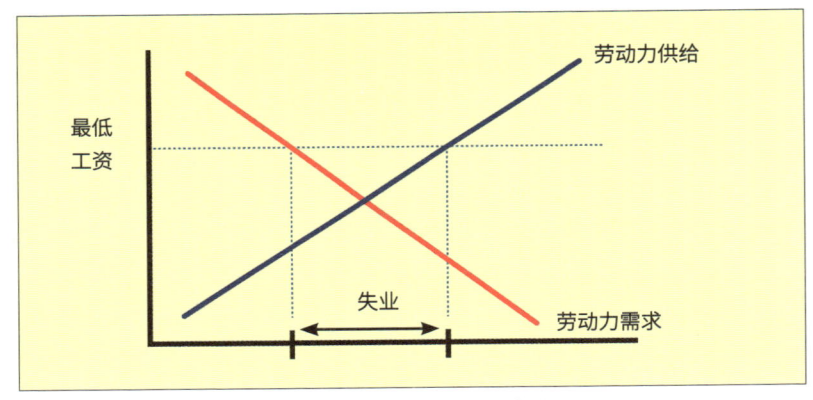

图17 最低工资对就业的影响

许多政策制定者使用该图表来论证最低工资对经济不利，但事实并不像他们认为的那样明确。如果我们远离完全竞争，远离将劳动力作为同质商品的想法，我们可能会发现不同的结果。

证据是双向的。早期研究发现最低工资

关于最低工资是否对经济有利，证据表明有利有弊。传统的经济理论认为它会增加失业率，而现代的研究将最低工资与就业增加联系起来。

实际上增加了就业。然而，这是因为这些研究未能考虑到产出需求的增加超过最低工资的影响。最近的研究存在分歧。卡德（Card）和克鲁格（Krueger）发表了一系列将最低工资与就业增长联系起来的论文。相反，1992年纽马克（Neumark）和瓦彻（Wascher）以及1995年迪尔（Deere）、墨菲（Murphy）和韦尔奇（Welch）得出了与传统经济理论相一致的结果。在可预见的未来，最低工资仍将是一个热门的研究课题。

贫困陷阱

对失业者的收入支持是现代西方经济的核心特征。通常情况下，一个问题的解决会产生另一系列问题。贫困陷阱指的是这种收入支持政策对工作的抑制作用。

有年幼孩子的单亲家长通常别无选择，只能身兼数职。然而在很多情况下，兼职工作的报酬不会超过他们已经获得的福利金很多。

如果失业工人面临继续获得收入支持和在快餐店从事兼职工作之间的选择，那么收入支持的金额将在决定是否接受这份工作时发挥重要作用。除非兼职工作的薪水高于收入支持的金额，否则就没有理由接受这份工作。即使是全职工作也必须对人们的收入产生很大的影响，才能让他们认为花时间从事这份工作是值得的。

对于父母来说，贫困陷阱可能是一个大问题，尤其是申请救济金的单亲父母。在这种情况下，接受工作不仅意味着放弃福利，还意味着放弃抚养费，而用工资支付育儿费用。通常，综合效应叠加起来可能远超许多工作能提供的报酬。

其中一些收入支持计划试图通过减少额外收入的一小部分福利来减轻这种阻碍工作的因素，但它们在实践中很难发挥作用，而且它们并没有消除这种抑制因素。

税收

地球上的每个国家和地区都通过税收来增加收入。尽管几乎所有人都承认税收的必要性,但人们对于什么东西应该被征税以及怎样确定税率却意见不一。

国家若没有钱,任何政府都无法进行有效治理。政府无法支付士兵、警察和教师的工资;无法购买土地或资助其官僚机构;也无法支付养老金、医疗保障或修建道路。所有政府都需要源源不断的收入供应。税收可以有许多来源。政府可以通过印钞、出售土地或矿产等自然资源,或出售出租车牌照等许可证或电台、电视广播权来增加收入。以沙特阿拉伯政府为例,其大部分收入来自出售石油。

无论是在原则上还是在实践中,税收都是一个复杂的问题。在提交纳税申报单时,人们必须写明他们所有的收入情况,并了解他们必须申报什么、不需要申报什么这些相关法规。

增加国家收入

然而，迄今为止，政府增加收入最常见的方式是对公民征税。税收是政府对各种商品、交易行为和资金来源所征收的费用。例如，直接税通常是从财产所有者或工人那里收取的，它包括所得税（政府从每个工人的收入中抽取一定比例）、公司税（从所有营利性企业的利润中分得一部分）和房产税。遗产税是另一种形式的直接税——人们必须为他们可能继承的任何财产或金钱支付遗产税。

间接税

间接税从供应商或商家收取，或对特定商品或服务征收。其中包括高速公路税，即司机

间接税是对于支出而非收入来征收的。在美国，间接税的主要形式之一是对每一件在商店里购买的商品征收销售税。

需支付牌照费才能在公共高速公路上驾驶汽车；销售税，即政府或州从任何销售交易中抽取一定数额；还有进口商品税。一些经济学家认为，直接税和间接税之间几乎没有区别。他们声称对工资征收直接税等同于对消费征收间接税。不管从谁那里收税，纳税的负担最终都落在同一个人身上，因为所有的工资最终都会用于消费。然而，这并不是说征税的方法没有区别，不同的税收依然可能以各种不同的方式影响个人。

累进和累退税收

税收的影响在很大程度上取决于它是累进税、累退税还是比例税。累进税的定义是对富人征收更高比例的税，累进税的增减与其申报的收入或商品的价值有关。比如，年收入200000美元的人会比年收入50000美元的人缴纳更高的税率。比例税从所有人的收入中抽取相同的比例，对每个人的收入征收10%的税，就是一种比例税。累退税从穷人收入中抽取的比例高于富人。即无论收入如何，对每个人每年征收500美元的固定税率就是累退的。500美元对年收入20000美元的人来说，所代表的成本远远大于年收入200000美元的人。

一些国家征收增值税（VAT），这是一种对可能被归类为奢侈品而非必需品（例如基本食品）的商品征收的较高税率。哪些商品属于奢侈品并需要缴税往往是一个极具争议的问题。例如，书籍是必需品还是奢侈品？如果书本要缴纳增值税，那会抑制人们的阅读兴趣吗？

税收是政府影响公民日常生活的最基本方式之一，它经常引起高度争议。虽然现在大多数人都认识到征税的必要性，但有些人仍然抗议政府和其他当局无权主张他们所认为的私有财产。无论他们的观

美国税收

1998年美国联邦政府的财政收入为17210亿美元。其中绝大部分来自税收，见表6所示。

表6 美国税收

来源	总额（万美元）	占比（%）
个人所得税	82885600	48.1
企业所得税	18867700	11.0
社会保险税	57183100	33.2
其他税收	10004600	5.8
其他收入	3265800	1.9
总额	172179800	100.0

本表中，其他税收是指遗产税、关税和消费税，如汽油税和对死者财产或遗产征收的税。其他收入主要是美国中央银行（即美联储）持有的外汇储备金所赚取的利息。如表6所示，个人所得税和企业所得税目前是联邦政府收入的主要组成部分。而社会保险税，即专门为社会保障和医疗保险而支付的工资税，在总收入中占有惊人的份额。

1998年，美国各州和地方政府还征收了大约10000亿美元的各类税收。这27000亿美元的税收占美国GDP的32.4%（1996年的这一数字为32.3%）。这个比例与其他许多工业化国家相比是非常低的。

点如何，几乎所有人都对应该征收多高或多低税、政府应该对谁征税以及税收的用途各执己见。

政府在计算计划支出和需要支付的收入金额时，通常每年设定一两次税率作为预算的一部分。因此，预算公告将直接影响该国的每个公民。税率一经公布，观察员和会计师就会计算它们对不同人的影响，无论是已婚或未婚、高收入或低收入，并会考虑他们是否有孩子、是否吸烟或酗酒以及住房的价值等可变因素。

世界各地的税收

像瑞典、法国和意大利等拥有较为健全的福利制度的欧洲国家，其税收占国内生产总值的比例远远高于美国。见表7所示，在所列国家中，即使日本对高收入者征的税率最高，它和韩国税收占比也较轻。边际税是对额外的一美元或其他收入单位支付的税。美国个人所得税的最高税率在这九个国家中最低。

表7　1996年9个工业化国家的税收情况

国家	税收占国内生产总值的比重（%）	个人所得税最高边际率（%）
加拿大	44.1	54.1
法国	48.6	54.0
德国	45.0	55.9
意大利	45.6	46.0
日本	31.7	65.0
韩国	26.4	44.5
瑞典	61.5	59.6
英国	38.1	40.0
美国	32.3	39.6

政策性税收

税收之所以有争议性，是因为它们除了可用于国家管理外，还可以被政府用于实现其政治目的。例如，一些国家的政府希望通过提高含铅汽油税来鼓励司机改用无铅燃料，从而帮助减少废气排放和污染。这对政府是有利的。传统上对香烟和酒精等商品的税收很高，部分原因是政府不会由于对这些"恶习"征税而受到严厉批评，他们可以辩称，这些商品的高价能鼓励人们采取更健康的生活方式。然而，其他税收给政府带来的批评要多得多。例如，许多人反对通

这个位于美国的标识似乎想表明，减少垃圾丢弃意味着降低清洁工的工作量，因此只需更少的税收来换取他们的服务。

过纳税来资助军事装备，尤其是当他们认为这些军备很可能被用于不得人心的军事冲突而非用于国防之时。20世纪80年代后期，英国就出现了一种不受欢迎的税收而引起争议的突出例子。

英国的投票税

1989年，撒切尔夫人领导的保守党政府在苏格兰引入了所谓的人头税，并于次年在英国其他地区施行。人头税是对所有达到投票年龄的公民，或者在某些情况下对所有实际登记投票的人征收的平等税。历史上，征收投票税有时是为了排除人们的投票权。例如在美国内战后，一些南方州引入了人头税，以取消黑人公民的投票资格。出于这个原因，1964年的第24条修正案禁止了在联邦选举中对投票进行人头税限制。

在英国，引入人头税是为了取代房产税，

作为地方政府筹集资金的一种方式。房产税根据家庭财产的价值而变化，所以富裕的人缴纳更多，而人头税对于居住在特定地区的每个人来说都是一样的，无论他们的收入如何。这意味着它是一种累退税，它实际上从穷人收入中抽取了远高于富人收入的比例。出于此，该税种被广泛认为是不公平的，而且它非常不受欢迎，许多人拒绝缴纳。这种逃税行为减少了人头税的收入，也意味着税率必须提高，这又进一步加剧了不满情绪。1990年3月31日，伦敦市中心反对人头税的示威演变成暴力骚乱，对商店和其他建筑物造成了相当大的破坏。撒切尔夫人于1990年11月21日辞去首相职务，部门原因就在于该税种持续不受欢迎。人头税被一项与房产业主财产价值相关的新税所取代。具

英国首相撒切尔夫人在1989年提出的人头税是历史上最不受欢迎的改革措施之一。它在伦敦引发了前所未有的厌恶和骚乱。

有讽刺意味的是，1990年在伦敦遭到破坏的同一地区，早在1381年因反对另一项人头税的暴乱而遭到破坏。

谁在真正纳税？

反对个人征税的人认为，所有的税收都可以对公司和其他企业而非公民个人征收。由于1998年美国所有联邦税收中约有11%是由企业所得税支付的，增加如此的企业税似乎确实可以减轻个人的负担。然而有人可能会认为，这样的政策不会达到预期的效果。人们常常忽视的是，无论是来自公民还是企业，所有的税收归根结底都是由个人或家庭缴纳的。真正承担税收的负担（或影响范围）的人，与实际支付给政府的人无关。

图18—图21是以汽油税为例解释这点的供求图。图18显示了在没有任何形式的税收情况下的汽油市场。向下倾斜的需求曲线和向上倾斜的供应曲线在 E 处相遇，其中 QE 和 PE 分别代表销售量和价格。消费者剩余，即消费者对产品的估价超出他们所支付的价格的部分，对应区域 A。生产者剩余，即供应商收到的货款超出他们为维持相同水平的生产所能接受的最低金额的部分，对应区域 B。

在图19中汽油供应商每卖出1加仑（美制单位，即3.785升）汽油，政府

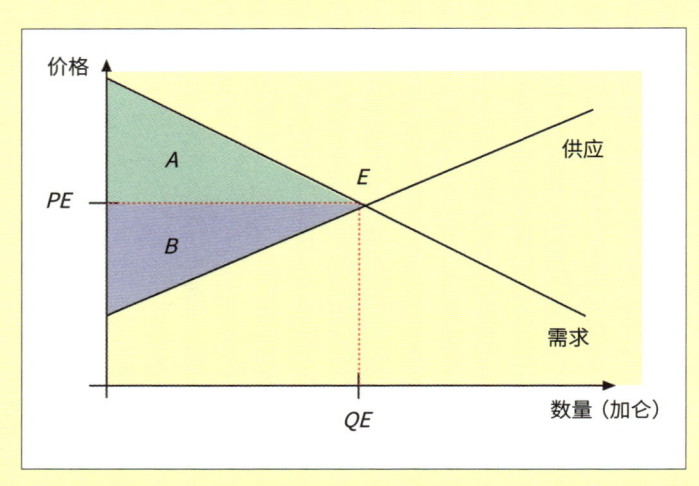

图18　没有税收的市场

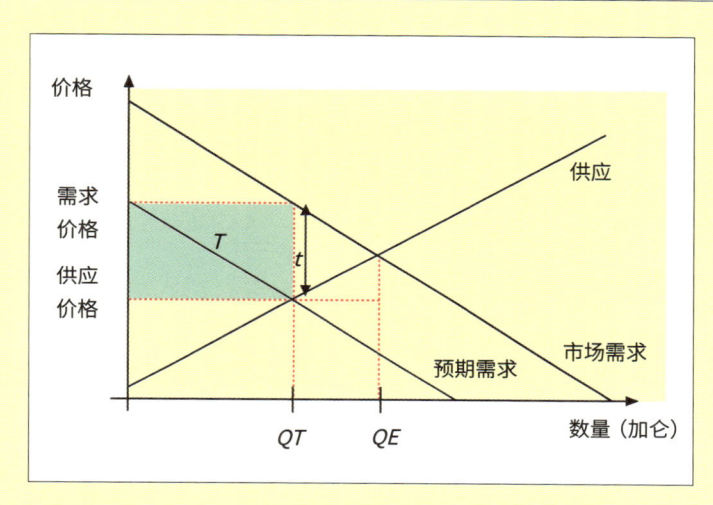

图19 对生产商征税

从中征收 t 美分的税。尽管消费者的偏好和市场需求曲线没有变化,但生产商觉得需求似乎垂直下降了 t 美分,因为他们现在每卖一加仑汽油就减少了 t 美分收入。QT 代表销售的数量,政府征收的税收对应区域 T。请注意,汽油现在有两个价格:需求价格,是消费者必须为每加仑汽油支付的价格;供应价格,是供应商从售卖每加仑汽油中获得价格。据图19,需求价格 = 供给价格 + 税收(t)。

图20表示税收对消费者的影响。他们现在必须支付更多的钱来购买同样的供给,所以他们觉得供应曲线垂直向上移动了 t 美分。请注意,图19和图20本质上是相同的——一条曲线相对于另一条曲线移动而由此产生的效果是相同的。

因此,我们可以如图21所示分析税收,其中没有具体说明实际缴纳税款的个人(消费者)或公司(生产者)。T 代表政府既得税收收入,而现在消费者有较小的盈余 A',生产者有较小的盈余 B'。税收导致供给价格和需求价格之间形成了一个大小为 t 的楔形,这种价格差异造成了社会福利的无谓损失(区域 D)。数量、价格、生产者和消费者盈余以及无谓损失方面的变化,都没有改变实际向政府交税的个人或机构的身份。

汽油供应公司承担了部分税收负担,因为它们减少了生产者的盈余或租金(从 A 区域到较小的区域 A')。这些公司由股东所有,其股份反映了公司的利润和租金的价值。因此,它们的股价会在征税时下降,而股东承担了生产者盈余损失的负担。所以，所有的税收负担实际上都由个人或家庭承担，无论他们是汽油消费者还是石油公司股东，公司本身并不承担税收的负担。关于税收可能包含的争论，例如雇主或工人是否应该支付工资税等，是毫无疑义的，因为对每个公司员工征税通常会导致公司支付更低的工资，工人将最终承担税收的负担。然而，不同的个人或家庭可能承担的负担取决于税收的征收方式。例如对企业征税，可能会让公司股东而不是工人来承担责任。

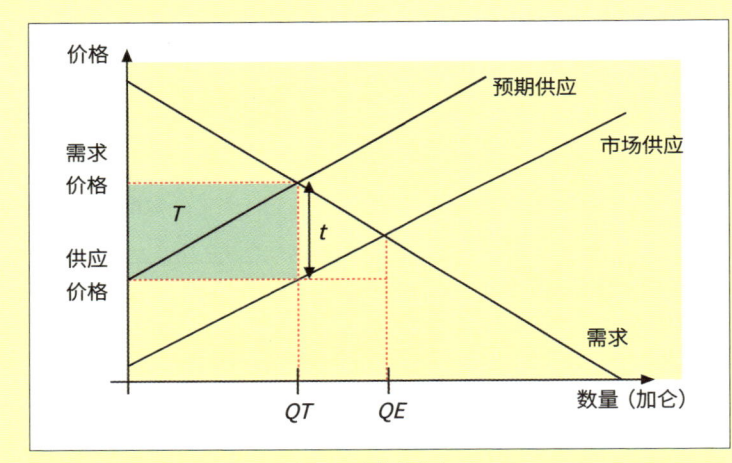

图20 对消费者征税

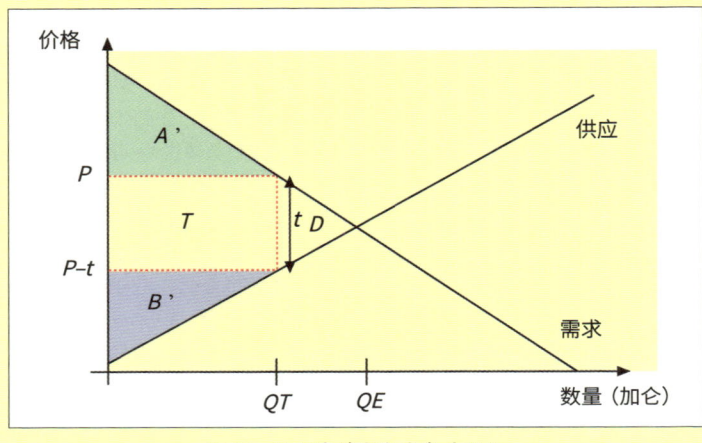

图21 从经济学家角度来看税收

征税的原因

各国政府增加税收的目的有很多,其中最重要的一项是为公共物品付费。公共物品被定义为,即使任何人消费都不会减少留给其他人的数量,也不能阻止人们免费消费的东西。在经济学术语中,这样的商品是非竞争性的和非排他性消费。国防和灯塔是公共物品的例子。像国家公园、道路、图书馆和计算机软件等许多其他商品,在消费方面是非竞争性的,因为任何个人使用它们不会减少留给其他人的数量。但它们是排他性的,因为人们可能被排除在其之外。

非竞争商品的有效价格为零,因为它们的额外消费不会给社会带来任何额外成本。但是私营公司由于无法从中获利,通常不会免费供应商品。有时,这种情况被称为"公地悲剧",

一座用于提示船只远离礁石的灯塔。它是公共物品的一个显著的例子——一个人可以从中受益,而又不妨碍其他任何人也从中受益。

即市场因为没有人可以从中获利而无法提供所需的商品。如果私营企业不提供这样的商品，而传统上政府会这样做，那么政府通常会通过提高税收来为非竞争商品提供资金供应。人们经常对政府应该供应哪些商品持不同意见，这纯粹是出于经济效率的考虑，而非政治目的。例如，有些人认为公共图书馆是一种不必要的奢侈品，应该由个人消费者而不是政府来买单。尽管大多数人都认为警察部队和海关服务等组织在社会中是必要的，但是他们仍然会争论这些服务应该有多大规模以及它们所需要的确切资金水平。与此同时，计算机软件的例子提醒人们，政府并不提供所有非竞争商品。许多公共服务的供给正被纳入私营部门的考虑范围。

纠正性税收

政府进行税收的另一个常见目的是在价格低效时纠正市场价格。例如，如果汽油或道路空间的消费所带来的社会成本没有被包括在市场价格中，或未以其他方式支付，则可能被认为是低效价格。司机不会为他们的汽车排放废

在许多国家，汽油税上涨是引发人们不满的一个重要因素。

气向繁忙街道的居民付费,也不会为他们制造的拥堵而相互付费。然而,通过对汽油和道路使用征税,政府可以提高价格以弥补这些成本,从而促成社会效益。这种纠正性税收理论是由英国经济学家亚瑟·庇古在20世纪初提出的,这种税收也被称为"庇古税"(Pigovian Taxes)。"庇古税"的一个例子是,对从新泽西州的李堡到曼哈顿上城区的车辆征收乔治·华盛顿大桥通行费。在这个方向收通行费而不对进入新泽西的车辆征收是因为据估计,曼哈顿的交通拥堵成本要高于新泽西。

　　政府征税的第三种用途是重新分配收入,可能从富人分配给穷人,或者从一个社会群体(如消费者)分配给另一个社会群体(如农民)。这样的再分配是最具争议的税收目的之一。有些人反对收入再分配,认为它加剧了社会贫穷人民的惰性。然而大多数国家已接受一定程度的财富再分配是必要的观点。他们向富人征收更重的税,并将他们筹集到的收入用于惠及穷人的福利和补贴住房,从而实现从富人到穷人的收入再分配。社会保险和健康保险等社会保障计划经常将财富再分配给穷人,尽管他们也能通过提供养老金和儿童托育福利将财富从一代人重新分配给另一代人。大多数所得税都是通过累进结构进行再分配的。

车辆穿越纽约乔治·华盛顿大桥是否支付通行费取决于其目的地。像这样的道路通行费是纠正性税收或庇古税的一个例子。

个人所得税

对大多数人来说,最熟悉也最能直接影响到他们的税收是个人所得税,它是根据工资支付的,通常是一种累进税,劳动者的收入越高,个人所得税的征收比例就越高。其税率通常以百分比或每美元的美分数表示。以15%的税率为例,工人每赚1美元,政府将征收15美分。

每个公民都有权获得一定的免税额,即一定数额的收入可以不用交税。但是高于该门槛的收入都需要纳税,并且税率会随着个人收入的增加而增加。这种税率有时被称为边际税率,因为它们适用于每一笔额外增加的收入。经济学家有时也会提到他们所谓的平均税率,即支付的总税款除以总收入。除了按相同税率对所有收入征税的比例税之外,边际税率和平均税率几乎总是不同的。

表8展示了1998年美国联邦个人所得税的税率

表8 1998年的美国联邦所得税

应纳税收入(美元)	边际税率(%)
25350以下	15.0
25350～61400	28.0
61400～128100	31.0
128100～278450	36.0
大于278450	39.6

备注:这些是申报纳税身份为单身人士的税率。

假设一个单身个人4650美元的免税额或扣除额,或者其总收入比应税收入多出4650美元。如果这个人的总收入是2万美元,每增加1美元的边际税将是15美分或15%,那么他的平均税率将是:

$$0.15 \times (20000 - 4650) \div 20000 = 0.115 \text{ 或 } 11.5\%$$

如果同一个人的收入是30万美元,就有可能根据税率表计算出他的缴税总额为95391.90美元,平均税率为31.8%。

美国所得税申报

在美国,提交所得税申报表的个人或已婚夫妇必须首先计算他们的"应税收入"。它是申报人的全部年收入减去他们有权获得的任何扣除额，年收入可以是工资、薪水，也可以是个体经营户的利润。它们通常还包括不需征税的业务费用和慈善捐赠。申报人可扣除相关的减免，比如有子女要抚养。然后，剩余的应税收入将按连续递增的边际税率征税。因此，美国与许多其他国家的个人所得税具有共同的特征。

免税和提高边际税率的制度意味着所得税是累进的，这意味着富人比穷人要缴纳更高比例的税收。此外，由于所得税是累进的，所以平均税率总是低于边际税率。

税收造成的额外损失

税收通常会导致额外损失。消费者或生产者的税收成本实际超过税收增加的收入。由于税收或最低工资等法律限制，人们有时被鼓励或多或少地购买或出售商品时，就会出现额外损失。在这种情况下，经济学家认为税收或法规"扭曲"了行为。经济学上的理性人会通过考虑他们对边际单位的估价是否与其价格一样多来决定购买量，因此改变与消费者息息相关的边际价格的税收可能会"扭曲"行为。

抗议者抗议国会削减社会保障制度的措施。

以美国的社会保障工资税为例，可以证明税收的额外损失。1998年政府对劳动收入征收12.6%的税，其中一半由雇主支付。当一个年收入30000美元的工人面临着12.6%的边际工资税时，他可能会倾向于减少工作时间，或者转向要求较低的工作。这种被扭曲的行为会造成额外损失，因为除了工人支付的税款之外，他们减少的工作量会给社会带来额外的代价。但是，工资税并不适用于所有的收入。1997年，该税仅适用于当年赚取的前65400美元，而在这个收入水平之外的边际工资税率为零。因此，对于高收入者来说，社会保障工资税是一个不会导致额外损失的罕见例子。

税收和经济稳定

经济学家们就税收是否可以成为政府稳定经济的有效方式进行了激烈争论。该理论是凯恩斯主义的核心原则，由英国经济学家凯恩斯于20世纪30年代提出。然而许多当代经济学家认为，政府为稳定经济所做的尝试实际上产生了相反的效果，会导致在贸易周期中经济繁荣和萧条交替出现。

税收和关税

关税是对进口商品征收的一种税。一些经济学家认为，提高关税并降低所得税等税收是非常可取的。他们认为，这将有效地将更多的税收负担从美国公民身上推到外国个人和公司身上。然而事实上这种情况完全不可能发生，如图22和图23分析了进口农业机械的关税。这个例子假设征收关税的进口国或母国相对于世界市场规模较小，因此增加或减少购买这种机器的数量不会显著影响世界市场上机器的价格。

税收

图22显示了征收关税之前的农机市场。国内对机械的需求下降，而国内供应上升，因为随着价格上涨，国内供应商生产了更多的机器。由于可以在世界市场上以 P_w 的价格购买任意数量的机器，因此这也是它们在国内市场上的价格。国内市场均衡在 E 处，国内机器生产数量为 Q_D，进口机器数量为 I。消费者盈余为 A 区，生产者盈余为 B 区。

图23显示了每台机器被征收 t 关税后的市场情况。由于一些机器仍然是进口的，它们的国内价格现在是 P_w+t，即世界价格加上 t，市场均衡在 ET 处。需要注意的是 ET 在 E 的左侧，这意味着在本国购买的机器更少了。现在进口的数量在 I' 处，比原先要少得多。政府收入 T 等于关税乘以进口数量，而且也相当小。国内生产商却能从关税上大量获益，由于机器的国内价格上涨，他们的生产者盈余从 B 区增长到更大的 B' 区。另外，国内消费者损失惨重。不仅税收 T 来自他们以前的盈余，而且由于国内机械价格上涨，其大部分盈余已转移给国内生产商。关税还造成了额外损失区 D_1 和 D_2，这也带来了消费者盈余的损失。

这个例子表明，如果本国相对于世界市场较小，关税成本则不完全由外国个人和生产者支付，而主要由国内消费者支付。而本国生产商通过能够以更高的价格出售更多的机器从关税中获益。事实上，他们的收益可能远远大于政府

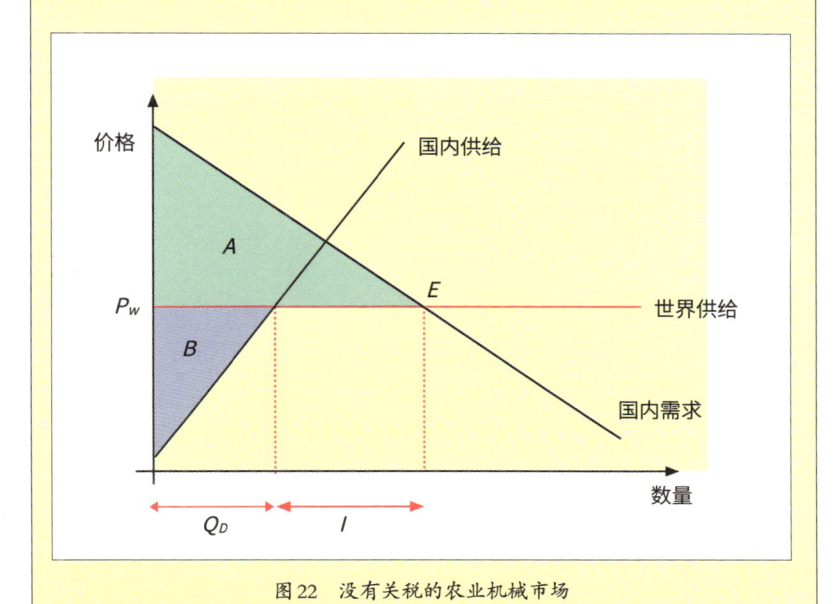

图22 没有关税的农业机械市场

从关税中获取的收入。

然而，本国生产者的收益其实是本国消费者的损失，他们必须要付出比以前更高的代价来买更少的机械。消费者也以额外损失的形式损失了盈余。从社会的角度来看，这纯粹是一种浪费。国内生产商经常声称关税只会让外国人"出血"。与此同时经济学家坚持认为，对国内消费者的影响表明，这种论点尽管很诱人，但实际上是错误的。

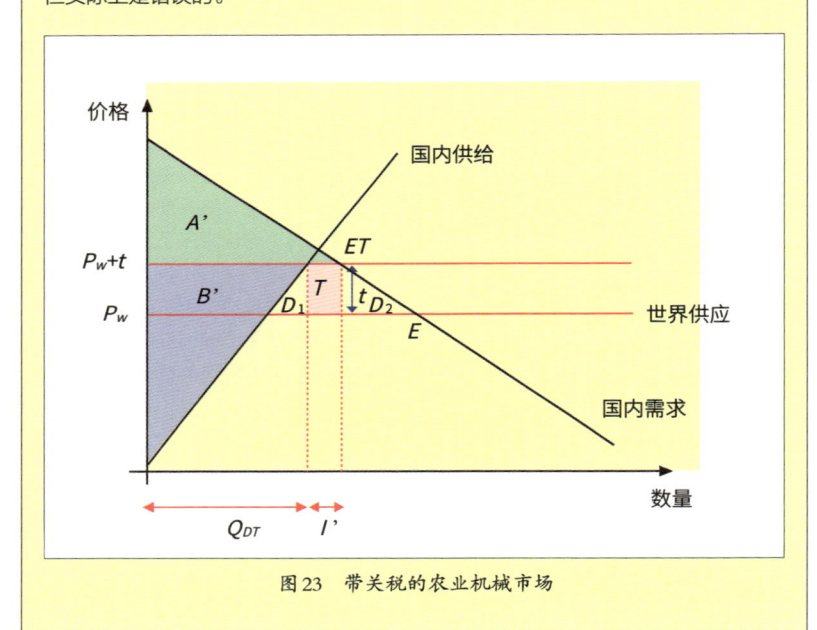

图23 带关税的农业机械市场

循环过程

在20世纪30年代的大萧条时期，许多国家政府都在寻找方法来增加其国内生产总值，即其经济的总产出。凯恩斯在其1936年发表的《就业、利息和货币通论》中指出，如果政府维持支出但减税，从而出现赤字或负债，消费者将产生更多的消费，因为他们在税后将剩下更多的收入。消费者对商品的额外需求将促使企业生产更多商品，并在此过程中聘用更多工人。这些新增的工人将花费他们的新收入，再次增加对商品的需求。通过这一循环过程，政府最初的减税措施将对经济产出产生"倍增"效应。然而，如果对商品的总需求超过经济体的总生产能力，价格就会上涨，从而导致通货膨胀。

凯恩斯的理论认为反之亦然——税收增加，在支出不变的情况下意味着政府产生盈余，这将减少消费者对商品的需求，减少就业，从而进一步减少需求。要么经济中的总产出减少，要么通货膨胀率下降，或者两者都会出现。因此，凯恩斯的理论说明，通过改变征收的税收总额，政府有能力稳定价格和产出水平。

米尔顿·弗里德曼理论

凯恩斯的理论在20世纪四五十年代被许多资本主义世界广泛接受。然而在20世纪60年代，经济学家米尔顿·弗里德曼（Milton Friedman）认为，运行赤字或盈余只会影响价格水平而不是产出，而且经济体大多数时候倾向于生产其自然产出或最大数量的产出。其他经济学家也开始批评凯恩斯的假设，即降低税收会使消费者感到更富有，从而增加需求。20世纪70年代经济学家罗伯特·巴罗（Robert Barro）认为，正如李嘉图在19世纪初所做的那样，今天的减税实际上会使消费者预料到未来税收的增加，这样每个人的终身财富实际上就不会受到任何减税措施的影响。现代经济学家对某一特定减税会导致多少额外支出意见不一，也没有明确的证据表明任何额外支出是否会显著提升产出或价格。然而，大多数经济学家都同意凯恩斯的观点，即政府财政赤字往往会提升产出和价格，而财政盈余往往会减少它们。

如果税收水平以及政府赤字和盈余能影响产出和价格，政府可能希望这两个变量保持稳定，因为通常人们不喜欢国内生产总值下滑或价格水平剧烈波动。第二次世界大战期间的各国政府都乐观地认为税收或财政政策可以用于维持高水平的GDP，从而降低失业率。"财政"（fiscal）一词源自拉丁语fiscus，意思是放钱的篮子，意味着"与政府相关的税收和支出"。许多国家的政府对此类政策是否奏效感到悲观，要么是因为降低税收大多会提高价格，要么是因为政府行动过于缓慢，无法在适当的时候改变税收。然而由于累进的所得税，一些经济的稳定会自动发生：随着GDP和收入的增加，员工发现他们处于更高的边际税等级，因此缴纳更多的税。因此，即使没有刻意的政策改变，政府通常也会在繁荣时期出现盈余，而在衰退时期出现赤字。因此，累进税制度有时被称为经济的"自动稳定器"。

美国税收的历史

税收是美国历史的核心。促使美国成立的独立战争，其最初的起源就是一场对英国向其殖民地征税的抗议。早期历史上的联邦一直饱受关于联邦和各州当局各自征税的权力争议。最近，税收引发了关于政府干预个人生活限度的激烈辩论。

在殖民时期，英国议会试图对其北美殖民地征税，以供养驻扎在那里的英国士兵和法官，并帮助支付英国在北美殖民地和欧洲进行战争的费用。殖民地居民反对1764年《糖税法》（The Sugar Act）规定的征税和贸易法规，并支持"无代表，不纳税"的集会口号——如果北美殖民地居民要向英国政府纳税，那么北美殖民地居民应该有权选举英国政府的代表。1765年，《印花税法案》对报纸和法律文件征税，其实际上是对北美殖民地居民的观点表达进行征税，令北美殖民地居民感到厌恶。对税收的抵制促使殖民地代表在当年晚些时候聚集在《印花税法案》大会上。《印花税法案》于1766年被废除

税收

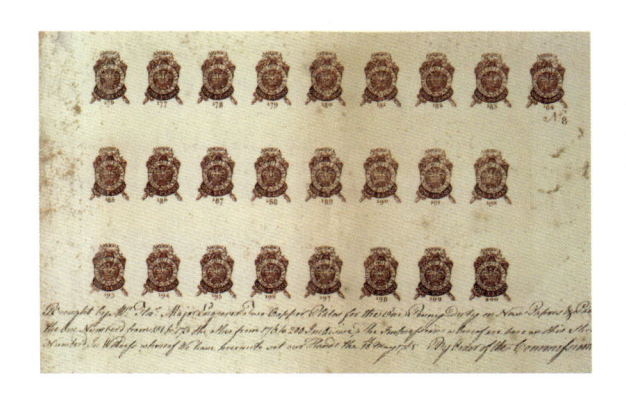

美国人在抗议1765年的《印花税法案》，根据该法案的规定，英国人能够利用税收来钳制其殖民地的新闻和言论自由。

但在次年由《汤森德税法》（the Townshend Acts）继承，该法对进口到殖民地的英国商品征税。北美殖民地居民承担了此类进口关税的负担，因此新英格兰殖民地居民对此表示抗议。在1770年的波士顿，英国士兵在所谓的"波士顿大屠杀"中枪杀了反对征税的抗议者。1773年，伪装成美洲原住民的马萨诸塞州爱国者将一艘英国船只进口的茶叶倾倒到波士顿港，以此抗议对茶叶征税和英国当局的管理。英国重新控制殖民地的企图迅速导致了独立战争。

波士顿倾茶事件是美国争取脱离英国的独立斗争中最著名的事件之一，事件发生在1773年12月16日，当时爱国者们伪装成莫霍克人向港口扔了342箱茶。殖民地居民一直抗议对茶叶征税。

没有税收，就没有有效运转的州

尽管革命中弥漫着反税热情，但很快人们就明显发现，联邦征税的权力对于法律、秩序和可行的经济是必要的。1781年至1788年生效的《邦联条例》（The Articles of Confederation）没有赋予国会征税的权力。使得国会难以召集军队平息地方叛乱，还得努力偿还大陆会议和革命战争遗留下来的各州债务。亚历山大·汉密尔顿（Alexander Hamilton）等联邦党人主张制定一部赋予国会增税权力的宪法。1787年《美国宪法》第1条第8款，赋予国会"设定并征收税收、兵役、进口税和消费税"的权力。有了这个权力，联邦政府能够集结军队，全额偿还独立战争债务，并在建立了偿清债务的声誉后，能够借到更多的钱。

与此同时，宪法第1条第8款明确规定："除按人口普查的比例外，不得征收人头税或其他直接税。"从而限制了国会的征税权。然而，公约成员无法就"直接税"的定义达成一致。进一步的辩论则涉及奴隶的选举和税收问题。宪法第1条第9款确保了在分配国会席位时，如果将奴隶计入各州人口的一部分，他们也应计入各州的税收负担。第1条第2款中臭名昭著的"五分之三条款"规定：在国会代表席位和直接征税方面，奴隶应计为一个正常人的3/5。

威士忌暴乱

从1789年到1865年内战爆发期间，大部分联邦税收都来自关税或进口税。然而在1791年，财政部部长亚历山大·汉密尔顿说服国会，对包括威士忌在内的国产蒸馏酒征税。集中在宾夕法尼亚州西部的威士忌酒厂被第一个征收了这项税收，并在1794年的威士忌暴乱中强烈抗议。尽管乔治·华盛顿总统利用政府的征税权力资助军队镇压叛乱，但所有"内部税"或"非关税"于1802年被托马斯·杰弗逊总统废除。虽然内部税和外部税之间的区别对经济学家来说意义不大，但威士忌税的故事提醒人们，所有税收都受到政治力量的影响。

铁、羊毛和棉制品的关税不仅用于增加收入，还用于补贴美国北部的工业，因为它们开始与英国的竞争对手进行竞争。然而关税补贴实际上是由国内消费者支付的，南方政客也批评道，税收提高了制成品的价格。1828年的关税在南卡罗来纳州被称为"可憎的关税"，内战前关税政策在北方和南方各州之间造成了很多摩擦。

为了资助内战，联邦通过出售债券发行了大量新债。然而债券持有人必须确信，联邦政府有足够的税收来偿还债券。为了让他们放心，

美国内战（1861—1865年）的持久影响之一就是所得税。这是因为联邦战争主要是通过出售债券来提供资金支持的，这些债券由税收资金担保。

政府通过了许多新的税收，包括1861年的第一个联邦所得税。它只持续到1872年，而1895年恢复的所得税被宣布违宪。然而，1913年的第十六修正案允许联邦进一步征收所得税。同年，联邦所得税重新建立，并在两次世界大战期间得到补充。到第二次世界大战结束时，个人所得税不仅是作为一种紧急措施，而且作为日常生活的一部分在美国已被广泛接受。1937年1月引入的社会保障工资税几乎同样重要。工资税税率只会上升，而所得税税率会根据当局政府的政策或上升或下降。

在美国等联邦国家，个别州通过对个人和公司征税来提高政府收入。有些州可能会对在该州产生的所有收入征税，无论是该州居民还是其他州居民的收入；而另一些州则对该州居民收到的所有收入征税，即使收入来源在州界之外。

养老金和保险

虽然养老金和保险是不同的商品，但它们的根本原理是相同的：以现在的付款来换取未来的财务回报。美国人的一生中平均有四分之一的时间是在退休后度过的。为此，做好财务准备至关重要。

养老金是一种储蓄，现在减少消费，以便将来有更多的钱可供消费。保险则是现在缴款，以防在未来发生意外时自己的消费水平大幅降低。虽然养老金和保险是不同的商品，但人们需要它们的根本原因是相同的：人们希望随着时间的推移，自身消费的商品和服务总量基本持平。经济学家认为，人们希望这样是因为他们希望自己的消费模式是平滑的。

效用理论指出，下一口食物所带来的幸福感总是小于现在这一口所带来的幸福感。在这张照片中，宾夕法尼亚州韦尔斯伯勒市的一位食客正在享受他最满意的一口。

养老金理论

如果你在一周内有固定数额的钱可以花，你是更愿意在周五买七顿饭，但在一周的其他时间里没钱买食物，还是更愿意每天只买一顿饭，这样你就可以天天有饭吃呢？这个问题的答案没有对错之分，但根据经验来看，大多数人喜欢均匀分配他们在食物上的支出，每天吃差不多的量。为了解释这一现象，19世纪的经济学家，如杰里米·边沁（Jeremy Bentham）和约翰·斯图亚特·穆勒（John Stuart Mill），提出了"效用"理论，该理论指出，边际效用总是正向的，但在不断递减。也就是说，人们总是倾向于更多的食物而不是更少的食物，但下一口食物所带来的额外效用——即幸福感——总是少于现在这一口食物所带来的。

在养老金账户中储蓄的人都有这种想法，他们希望现在存钱，以便在退休后不再有工资收入时仍然可以消费。据美国国家卫生统计中心估计，1997年，美国男性的平均预期寿命为73.6岁，女性为79.2岁。而根据格鲁伯（Gruber）和怀斯（Wise）在1997年的计算，美国男性的退休年龄一般为62岁，女性为60岁左右。因此，美国人，尤其是女性，有充分的理由在工作期间存钱，以便在退休后继续消费。可预见的年老时收入不足会带来所谓的储蓄的"生命周期动机"。随着平均寿命的不断延长，这种生命周期动机会越来越强烈。

保险理论

保险实际上是分散风险的一种方式。这样一来，投保人所付的费用可以被用来补偿个人的损失。这里的"风险"指的是一个事件产生某种后果的已知可能性。而不确定的事件往往缺少先验的能够作为人们预测结果依据的概率分布。

人们对保险的热衷同样可以用效用理论来解释（图24）：效用曲线总是正向的，但斜率是不断减小的。假设你有一座房子，而你的房子明天有可能会被烧毁。如此一来，你将需要购买一所新房，这会减少你的财富，从而减少你明天和以后可以消费的金额。这种可能发生之事的不确定性为你的财富带来了风险。

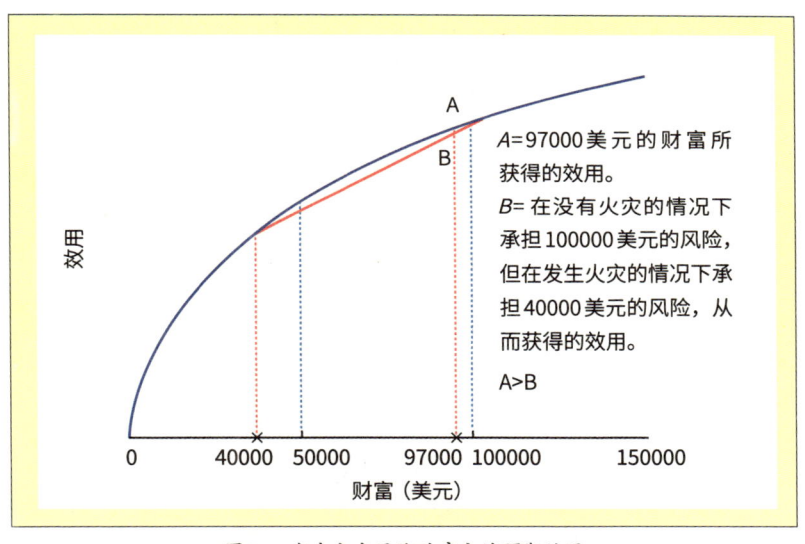

图中标注：
A=97000美元的财富所获得的效用。
B=在没有火灾的情况下承担100000美元的风险，但在发生火灾的情况下承担40000美元的风险，从而获得的效用。
A>B

图24 发生火灾风险时房主的预期效用

假设在没有火灾的情况下，你有100000美元的财富，其中房产总价值60000美元。如果发生火灾而你没有保险，那么你的财富就会减少到40000美元。如果遵循图24所示的效用曲线，与损失60000美元的风险相比，你会更倾向于较为稳定的财富和未来消费的水平，即使你的总财富值可能低于100000美元。如果发生火灾的概率是5%，则不发生火灾的可能性是95%，那么你在这种风险下的预期效用将小于你从97000美元的确定财富中得到的效用。因此，如果一个保险公司提出，如果你的房子在未来发生火灾，将向你支付60000美元来弥补损失，你会很乐意现在至少支付3000美元以换取这个承诺。无论你的房子是否被烧毁，你的财富都可以稳定在97000美元，所以你会比承担风险的人更高兴。当人们的边际利用递减时，他们不喜欢承担风险，或者说倾向于去规避风险。在这个过程中，房主通过买保险来抵御发生火灾的风险。

房主不愿意承担这种风险，那保险公司为什么会乐意承担这种风险呢？首先，大数定律使得保险公司能在统计学上确定其对保险的预期赔付。此外，房主和保险公司之间存在着金钱边际效用相关的差异。事实上，保险公司拥

保险公司乐于承担被保险房屋着火的风险，因为大量可支配的资金意味着，就算房屋被烧毁，公司的"边际效用"也几乎没有减少。

有大量的资金，面对像房屋火灾这样相对几率较小的风险，他们的边际效用几乎没有减少。因此，这一效用几乎随着财富的增加而直线上升，如图25所示。此处我们运用了一个数学原则，即一条曲线的一个非常小的区间可以视为一条直线段。

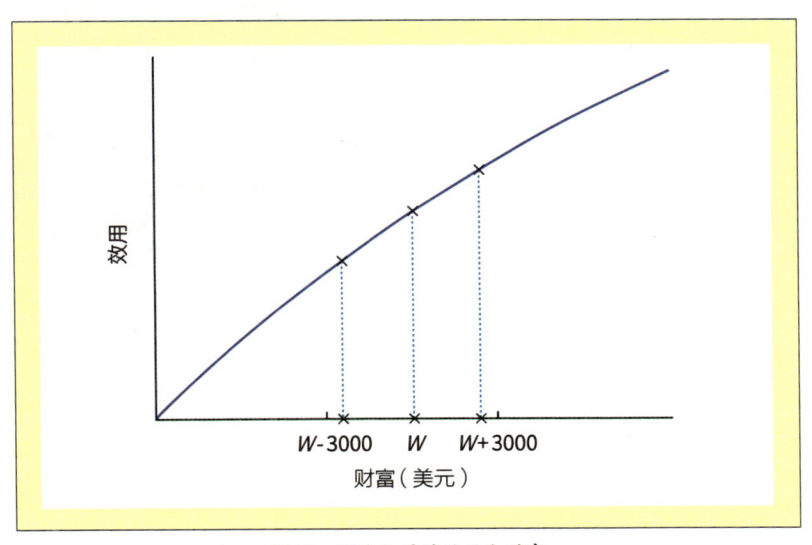

图25　保险公司的效用和财富

保险公司开始时拥有大量的财富（W）。房主支付3000美元，换取保险承诺，但保险公司赔付60000美元的概率为5%。保险公司并不介意其未来的财富存在风险，它的风险几乎是中性的。此外，促使房主购买保险的风险规避意识，以及为退休储蓄以图平稳消费的愿望，都源于边际效用的减少。

为养老而储蓄

我们已经了解到为什么储蓄者希望积累财富，以便在退休后仍

能进行消费。但他们应该存多少钱呢？这取决于他们预计退休的年龄、预期寿命、医疗保障费用、是否拥有需要供养的家庭，以及对自己储蓄的预期回报率。

大多数储蓄者试图搞清楚这个复杂的计算。即使银行或其他储蓄公司会为人们提供建议，经济学家往往会对很多人储蓄之少感到惊讶。穷人和受教育程度较低的人往往只存下他们收入的一小部分，所以他们退休时资产很少。在最糟糕的情况下，很多穷人别无选择，不得不把他们的全部收入用于维持生计。这些人在退休后将只能依赖他人。还有一些人只有在接近退休时才发现自己储蓄不足，然后拼命地积累储蓄。1981年，美国创建了个人退休账户（IRA），鼓励人们更多地储蓄。

经济学家经常惊讶于许多人为他们的退休生活所做的储蓄是如此之少。与这对在佛罗里达州开游艇的夫妇不同，许多受教育程度较低的人往往只存下他们收入的一小部分，因此当他们退休时，即使有一些资产，数量也很少。

养老金和保险

查尔斯·庞兹和他的金字塔骗局

意大利人查尔斯·庞兹（Charles A. Ponzi）是金融储蓄领域的一个臭名昭著的骗子。他曾在1920年从马萨诸塞州波士顿市大约4万人那里骗取了总共2000万美元。庞兹经营着一个"金字塔"骗局①——他将新一批储蓄者支付的一部分钱交由先前一批投资的储蓄者。这些储蓄者到处宣扬他们的存款在短短45天内就获得了50%的回报，其他人便蜂拥而至，争相把钱借给庞兹。他声称自己购买的是欧洲邮政优惠券，但调查显示这都是假的。人们开始索回钱款，于是这个诡计很快就破产了。许多储蓄者失去了一切，因为他们的钱不是被庞兹花掉了，就是被交给了先前的储蓄者。最终，庞兹被判犯有欺诈和盗窃罪，并在监狱中度过了14年。

查尔斯·庞兹

类似的金字塔骗局在苏联解体后的阿尔巴尼亚和俄罗斯也曾发生过。大量没有经验的储蓄者被犯罪分子诈骗，他们声称会将资金用于创业，但实际上是将部分资金支付给早期的储蓄者，并窃取其余部分。在20世纪八九十年代，各种虚假的投资计划已经变得和连锁信与电子邮件骗局一样流行。

投资组合选择

储蓄者应该积累哪些类型的财富？人们有很多地方可以选择来储存他们的资产，使它们增值。储蓄者可以把钱存入银行储蓄账户，根据他们的存款多少获得银行承诺的利率。他们可以购买政府债券，这样才能收获更多的利息，但其风险较储蓄稍大，因为债券的价值可以下降，也可以上升。储蓄者还可以在股票市场上购买公司的股

---

① 这一骗局，后来被称为庞氏骗局。——编者注

票，这种股票的平均回报率往往要高得多，但风险也更大。他们可以购置房产并出租，收取定期租金。或者他们也可以购买油画或古董，以期这些资产在未来升值。

如果将储蓄放在管理良好的债券和股票市场投资组合中，储蓄会显著增加。

　　以上这些和其他许多资产都可以将财富转移到未来。选择在他们的投资组合（储蓄者的资产集合）中采取哪些投资时，储蓄者必须考虑该组合可能获得的平均回报。他们尤其需要注意所谓的回报差异——即最安全的投资所产生的最低利率与高收益和更有吸引力的资产所涉及的风险之间的差异，并试图在两者之间取得平衡。经济学家提倡持有许多不同资产的混合物（通常称为"多元化"的投资组合），因为这样一来即使一些资产贬值，其他资产也会增值，总投资组合的价值将相当稳定。美国经济学家詹姆斯·托宾（James Tobin）正是凭借他对最佳投资组合选择问题的分析在1981年被授予诺贝尔奖。当记者在采访中问及他的成果对投资组合选择有什么启示时，托宾回答说："不要把所有的鸡蛋都放在一个篮子里！"

养老金和保险

保护你投入的资产

对储蓄者来说，最为关心的是希望避免将他们的储蓄投入风险过大，甚至是欺诈性的计划中。毕竟，有些人在广告中宣传出售某公司股票，但他可能并没有这样的公司，只是想带着储蓄者的钱潜逃。辨别投资计划是否具有欺诈性的一个好方法是辨别其做出的承诺。一家银行可能会保证每年有7%的回报率，某些股票可能会在某一年增值30%或更多。但是，任何保证每年有30%的回报率的计划都可能是极端危险的或是欺诈性的，这样的回报只有通过承担相当大的风险才能获得。

在美国，证券交易委员会（SEC）负责抓捕此类欺诈者。委员会聘用的许多研究人员甄别

美国的人口老龄化导致养老金投资有了更多的选择，使人们能够决定他们在退休后要做什么，并适时购买一个适当的计划。这些参加爱达荷州博伊西市中老年锻炼班的人的生活似乎多姿多彩。

报纸和互联网上的广告，寻找欺诈的迹象。尽管如此，每年仍有容易受骗的储蓄者被那些许诺给他们丰厚回报的人骗走了储蓄。

养老基金

一些储蓄者会将选择投资组合的任务委托给其他人。他们选择缴纳养老金，而这些钱会由他们的雇主、银行或其他金融机构进行运作。这样，员工们支付的养老储蓄金就形成了一个较大的资金组合，并由养老基金经理在一个研究团队的协助下支配。这样的研究团队通常被称为机构投资者。由于基金经理在处理股票和债券方面经验丰富，并且掌握着市场上许多公司的大量信息，许多储蓄者认为相比自己进行投资，基金经理能够帮助他们获得更高的回报。因此，他们选择将储蓄委托给基金经理进行投资操作。

有一些养老金计划承诺"固定收益"，即保证储蓄者会在未来获得指定数额的资金。如果基金经理所持有股票和债券收益超出预期，那么雇主和基金经理将分走承诺的固定收益以外的部分。

除此之外，养老金计划也提供"固定缴费"，意思是储蓄者支付特定的金额，但他们将获得的回报并不固定。如果购买的资产价格上涨，那么他们将获得高额回报；如果资产下跌，他们将会亏损。20世纪90年代，世界股市普遍上涨，在此期间，许多储蓄者都更倾向于固定缴费的养老金计划，而不是固定收益的计划，因为这样他们能从上涨的股票价格中获得更多财富。尽管固定缴费的养老金计划风险更高，但当时的储蓄者们被股市上涨的乐观情绪所感染，抓住机会尽可能多地获得回报。在经济衰退时期，这种情况就比较少见。

养老金可以有许多不同的规则，但在大背景下，融合资产，出售资产，获取利润，并将收益支付给投资者，上述过程一直在运作。

养老金和保险

养老基金的一个例子——加利福尼亚州公共雇员退休制度

加利福尼亚州公共雇员退休系统（CalPERS）是一个大型养老基金，处理超过一百万加利福尼亚州和地方雇员的资产。1999年，CalPERS 控制了超过1500亿美元的资产。1999年5月，它持有这些资产中的1.4％的现金，26.9％的债券，66.9％的股票和4.8％的房地产。其中，11.0％的资产在加利福尼亚州，66.9％在美国其他地区，22.1％在其他国家。

CalPERS 通过支付其现金和债券的利息、支付其股票的股息和支付其房地产的租金来为其成员赚钱。如果它拥有的资产价格上涨，它也会盈利。像任何养老基金一样，CalPERS 必须注意其资产的总回报和这个回报的任何差异。通过拥有许多公司的股份，CalPERS 也有投票权来决定这些公司应该如何经营。因此，它必须决定一个如何使用这些投票权的政策。关于这个例子的更多信息可以从 CalPERS 的网站上获得。

年金

许多养老金计划为参与的储蓄者提供了一种保险，保障他们高龄时的生活。大多数人都很乐意活到100岁，但如果他们没想到能活得这么久，他们可能会没有存够钱，在活到100岁之前就耗尽了资产。对于寿命的不确定性，养老金也提供了名为年金的保障形式，其运作方式如下。

当储蓄者退休时，他所积累的养老金将在他余生中的每个月里返还一定的金额，无论持续时间有多长。如果养老金领取者在积累的养老金用完之前死亡，养老基金将保留这笔钱的剩余部分，不算作是养老金领取者的遗产；如果养老金领取者活得比平均寿命长，耗尽了投资于年金的累积基金，养老基金则必须继续从自己的剩余储备中支付给储蓄者每月应得的金额。养老基金会参考人们的寿命数据，并每月向养老金领取者提供固定的金额，基金一般不会因此而亏损。退休金基金聘用精算师，也就是经常进行有关寿命长短相关计算的统计学家，来确定他们每月应提供多高的金额。

已婚的养老金领取者可以选择"联合生存者年金"。它将在丈夫或妻子任意一方仍然在世时每月支付一笔钱。比如，如果丈夫想要在自己去世后仍然能保证妻子的生活，就可以选择这项养老金计划。

年金是一种非常有用的保险形式，许多类型的资产现在都可以"年金化"。年迈的房主可以将其"去世后的"房产权卖给一家保险公司。然后，保险公司每月向他们支付一笔钱，直到他们去世。此后，保险公司可以卖掉房子，保留收益。在这种情况下，即使房主有后代的话，房子也不能留给房主的任何子女，因为房子已经被遗赠给了保险公司。

政府的社会保障计划

许多国家的政府都实施了退休收入计划，工薪一族中大多数人都要强制性向该计划缴费。这种计划在美国被称为社会保障，在英国被称为国民保险，在加拿大则被称为加拿大养老金计划。

首项政府退休收入计划是由德国总理奥托·俾斯麦（Chancellor Otto von Bismarck）1889年为德国工人设立的。他的计划很受工人们

养老金和保险

富兰克林·罗斯福的社会目标：

"我们永远不可能为百分之百的人口提供保险，使其免受生活中百分之百的危险和变故的影响，但我们试图制定一项法律，为普通公民及其家庭提供一定程度的保护，使他们免受失业和老年贫困的困扰。"

——1935 年 8 月 14 日，富兰克林·罗斯福总统在签署《社会保障法》（Social Security Act）时。

的欢迎，因为以前很少有为工人设立的养老金。英国、美国和许多其他国家的政治家都效仿了他的做法。美国的社会保障是由富兰克林·罗斯福总统在1935年创建的，是新政的一部分，永久地确立了联邦对弱势群体应承担的责任。社会保障制度创建后不久就广受欢迎，但最近有人提出反对意见。我们可以通过详细了解该制度的运作方式，更加明晰社会保障带来的好处。

社会保障体系每月从每个工人的工资中扣除一部分。在美国，扣除的部分被称为工资税；在英国，它被称为国家保险费。社会保障体系同样每月向达到一定的年龄的人发放补贴。在加拿大，男性可以申请社会保障福利的最小年龄是60岁，美国是62岁，英国是65岁。社会保障相关的法律可能会要求老年人满足其他条件，比如缴费达到一定年限或已停止工作，才能获得这些报酬。

部分社会保障制度向那些在其一生中缴费较多的工人支付较高的福利。有些制度，如英国的制度，向所有养老金领取者支付大致相同的金额，而美国的社会保障制度向缴费较多的人支付比其他人略高的福利。由此我们可以看出，部分社会保障制度与养老金有所不同，因为养老金支付的金额通常与员工支付的金额密切相关，而社会保障有时是几乎完全一致的费率，而不考虑缴费情况。在这种情况下，总体缴费较少的贫困工人从社会保障中得到的待遇比富裕工人要好，如果他们能活过领取福利的资格的年龄。这种社会政策通常是刻意这样设定的，以帮助相对贫穷的人。

社会保障福利在同一退休人员的一生中通常以恒定的比率支付。因此，它们具有上述年金的特征。他们也会向比其配偶寿命更长的妻子或丈夫发放福利。

许多社会保障计划，包括德国和美国的社会保障计划，都与养老基金的运行方式非常相似。员工进行缴费，然后政府将用这些钱来购买资产，随后出售这些资产来支付这些工人的退休福利。由于总会有年轻雇员加入该系统，社会保障计划持有的资产组合将持续增加，并维持在一个很大的规模。但是，缴费者很快就对缓慢的福利支付速度感到不满，于是通过了相关法律（由美国早在1939年通过），向早期退休人员支付更多的福利。而这只能靠将社会保障系统变成金字塔骗局或庞氏骗局来实现，在这种情况下，系统不再是积累资产，而是将年轻人交的费用直接支付给退休人员。这使得该系统所覆盖的第一批退休人员能够得到比他们自己所缴纳的资产更高的福利。

从这种安排中受益的一个例子是艾达·梅·富勒（Ida May Fuller）夫人，她的情况在下方方框中有所描述。后来的退休人员的情况要差得多。与其说用他们缴的费购买了资产，不如说他们的福利将由未来几代工人支付。由于工人的工资增长速度通常比资产回报率低，后来的退休人员获得的福利将比他们付款购买资产的情况下要低很多。

养老金和保险

伊达·梅·富勒夫人的经历

佛蒙特州的艾达·梅·富勒是第一个在1940年1月收到社会保障月度支票的美国人。她在工作生涯中共缴纳了三年社保，也就是22.54美元的工资税。她于1975年去世，享年100岁。在1940年至1975年，富勒夫人收到了22888.92美元的福利。在一定程度上，富勒夫人从社会保险的年金功能中受益，是因为她比大多数妇女活得更久。但22.54美元原本只能买到数额很小的年金。富勒夫人从她对该体系的少量贡献中获得了大量的福利，这表明社会保险的运作方式其实是从年轻人那里收缴钱款并将其支付给当前的退休人员。对于那些只缴纳了几年社会保险的退休人员来说，这确实非常划算。

社保是庞氏骗局吗？

我们可以通过提出以下问题来证明社会保障是一个庞氏骗局：如果该系统今天被关闭，它能否继续向退休人员支付福利，并将所有缴款和利息返还给年轻工人？答案是"不能"，因为年轻工人的缴款已经被支付给了退休人员。如果定期缴款停止流入，则系统将无法支付任何福利，只能将年轻工人过去缴纳的资金中一部分退还给他们。

然而，如果养老基金经理被问到同样的问题，他们当然会对他们管理的基金回答"可以"。他们会说，他们可以出售该基金积累的一些大型资产组合，以将年轻工人的储蓄连同利息一起返还，并将剩余资产用于向退休人员支付养老金。因此，这两者之间的关键区

167

别在于，养老基金的资产价值与其负债，也就是它所做出的福利承诺，是相等的。而大多数社会保障计划都有大量无资金准备的负债，其中负债甚至超过了计划持有的资产。

社会保障改革

像金字塔骗局或庞氏骗局一样运作的社会保障体系被称为"即收即付"或 PAYGO 体系。那些购买了大量资产基金的系统则被称为"得到资助的"或"预备得到资助的"系统。1981年，智利创建了一个有资金支持的社会保障体系。在这个体系中，劳动者的缴费被用来购买资产。其他国家，如墨西哥、阿根廷、澳大利亚、马来西亚和新加坡，也效仿智利建立了资助制度。

在1998年的美国国情咨文中，克林顿总统呼吁国会"首先拯救社会保障"。当时提出了许多计划来改革美国的社会保障制度，其中一些提到了从目前金字塔骗局或 PAYGO 结构过渡到一个类似私人的养老基金的运作方式中。如果实施这样的过渡方式，那么年轻一代将要为退休收入付两次钱：一次是通过社会保障缴费为老年人的退休生活支付费用，另一次是为自己在有资金的社会保障系统中支付费用。也许是由于难以说服年轻一代付两次钱，目前美国政府仍未就社会保障的改革方式达成一致。

人口老龄化

除了社会保障计划给后来的退休人员的待遇比给早期退休人员的待遇差得多之外，许多国家的人口老龄化也开始给他们的体制带来负担。在20世纪，大多数国家的人口寿命大幅增长，而生育率却在下降。因此，老年人占总人口的比率较年轻人而言急剧上升，并将继续上升。1950年，全球8.1%的人是65岁及以上的老年人；在1990年，这个比例是12.2%；2000年达到了13%；到2030年，预计19.5%的人口由65岁及以上的人组成。这意味着在福利计划中的健康、娱乐、住房和营养等领域需要特殊服务的人数将大幅增加，并需要正式和非正式的照顾。

由于社会保障体系从年轻人那里拿钱给老年人，退休人员与工人的比例增加，就意味着每个工人将不得不向社会保障支付更多的钱，以维持每个退休人员目前的福利水平。从目前的预测来看，最迟在2030年左右将不得不提高工资税或削减福利。年轻的工人会反对提高工资税，这也会加剧劳动力市场效率低下的现象，如减少工作时间，而非支付更高的税。当然，降低福利会遭到那些已经退休的人的抵制。由于大部分医疗补助和全部医疗保险的支出都是用在老年人身上，在当前及以后也会出现类似的高医疗费用问题。改革社会保障和医疗保险以满足老年人和年轻人的需求，将是美国政府和管理者在21世纪面临的一个重大挑战。

在20世纪，大多数国家的人口寿命大幅增长。因此，老年人占年轻人的比例急剧上升，这样的趋势已持续到当前。

国家经济

驾驶员的保险：是交易还是偷窃？

在美国，年满16岁就可以合法驾驶汽车。然而，购买、拥有和合法驾驶汽车对青少年来说需要相当大的经济投入。例如，在大多数州，购买保险是一项法律规定，以便在发生事故时支付对他人汽车、人身或财产造成的损失。青少年司机每公里的车祸发生率很高，而16岁的人的驾驶情况尤为糟糕。鉴于这些相当大的财务投入和高风险的事故的情况，保险公司似乎不可能在不预期损失的情况下签订"精算公平"的合同。因此，汽车保险合同通常有相当多的"隐藏"条款和条件，会让发生事故的不幸（和无知）的青少年猝不及防。

当然，这些条款和条件并不是真的被隐藏起来了，但对于合同持有人来说，它们并不总是显而易见。例如，便宜的合同只包括对别人车辆的损害，而不包括对你自己车辆的损害，而且通常存在一个"免赔额"——你在保险公司履行索赔之前支付的赔偿金额。你可能要支付更高的费率，因为你拥有的车辆维修费用很高，或者对小偷特别有吸引力，或者你的车价值几乎不超过你一年的保险费用。

为了确保你有适当的保险，你需要考虑以下几点：从至少三家公司获取报价，考虑更高的免赔额，购买"低调、易维护"的汽车，获取尽可能大的折扣，例如，低里程数、安全气囊或自动安全带。

如果你不这样做，那么保险公司将继续从你的无知中获利。

保险市场

本章之前提到的火灾保险是一种"精算公平"的保险合同。衡量一份合同是否公平，要看如果保险公司出售一大批类似的合同，他们是否能保证完全不盈利，如果不盈利，那么这份合同就是公平的。事实上，保险公司往往都会从合同中盈利，因为他们提供给买家的合同并不完全符合精算公平的标准。

在图24中，房产所有人愿意支付比绝对公平的3000美元稍高的价格——比方说3200美元——相比没有购买保险的房产所有人来说，他们仍然拥有更高的期望效用。在这种情况下，如果房屋火灾发生次数保持在保险公司预期的范围内，那么他们会从每份销售合同中平均获利200美元。由于保险公司之间存在竞争关系，他们会降低合同价格，当然他们平均每份合同能获得的利润也随之降低。消费者们为了保证平稳消费，往往不会选择一次性付清他们的保险额，而是分期付款，按月或按年定期缴纳保险费。

保险的类型

保险公司提供针对许多种风险的保险。在大多数国家，司机需要强制购买保险，以便在发生事故时能够对他人的汽车、人身或财产造成的损害进行理赔。很多人还为他们的房产购买了房屋火灾保险或水灾保险，并且为他们的资产购买防盗保险。在许多国家，工人也需要强制购买健康保险，不过在美国并不是这样，在1996年（根据1997年3月公布的人口调查），16%的美国人没有任何形式的健康保险。

在人寿保险合同中，保险公司承诺在投保人年轻时死亡的情况下向幸存的家庭成员赔偿。通过这种方式，工薪族可以确保，如果他们英年早逝，他们的家庭将不会陷入贫困。人们往往会在结婚或生孩子时购买人寿保险，因为此时他们有了更多的家人需要他们负责。企业也会购买多种多样的保险，例如，如果你看到一个专业篮球运动员从球场上一瘸一拐地走下来，他的团队的管理部门就会提出保险索赔。

保险公司不会为所有风险投保。例如，他们可能不会为你丢失钱包或考试失败提供保险。保险公司担心，如果人们持有这类保险，他们将变得怠惰，更容易发生事故。这类会诱使人们变得怠惰或粗心的问题被经济学家称为"道德风险"。

出于另一个原因，针对心脏病的保险存在一定问题。如果人们比保险公司更了解自己的健康状况，那些最容易患心脏病的人就会购买这种保险。如果保险公司没有意识到投保人的风险特征，他们就会亏损。一群人中最有风险的人更倾向于购买保险的趋势被称为"逆向选择"，这也是政府经常监管健康保险的原因之一。

最后，有些费用，比如飓风袭击迈阿密后产生的损失，可能过于高昂，以至于没有保险公司可以承诺付清这些赔偿。正是为了应对过高的风险，保险公司选择向再保险公司寻求帮助。

再保险

再保险公司并不直接与房主或司机打交道，而是分担其他保险公司所面临的风险。例如，飞机失事的代价可能过于高昂，导致保险公司受到严重冲击，甚至破产。我们可以再次参照图25来分析这种情况。在分析较小的风险时，我们截取了保险公司效用函数的一个小区间发现，它几乎是一条直线段，所以对保险公司来说，他们面对的风险是中性的。而分析成本较高的事件时，我们需要截取保险公司效用函数的更大区间，我们会发现它并不是直线，而是弯曲的。这种弯曲的效用函数意味着保险公司规避了一定的风险，至少对于风险较大的保险是如此。

与航空公司签订合同的"主要"保险公司可能会同时与再保险公司签订合同，让再保险公司承诺支付坠机的部分赔偿。再保险能够降低保险公司的成本，从而减少他们在任何单一事件中的财务风险。

养老金和保险

再保险公司也不希望为任何一个事件支付太多,他们会合理设置他们的合同,从而避免任何大额支出。因此,即使有再保险公司分担风险,一些保险公司也不会在佛罗里达州出售飓风保险;1992年伦敦发生一系列恐怖袭击爆炸事件后,一些保险公司也不再往该地区出售恐怖袭击保险。相关风险太大,不值得承保。

虽然保险公司不会对所有风险进行投保,但防盗保险是一种常见的家庭保险。

变化趋势

本章讨论了为什么大多数人都愿意为自己的退休生活进行储蓄并为规避风险进行投保。人们面临着很多选择,比如,选择多大的储蓄额度,持有哪些资产,是否对个人资产进行委托管理,以及承担多大的风险。人们对最优解的选择倾向在不断变化,但是,大多数人仍倾向于为老年生活做准备,选择多样化的投资组合,以及对风险进行投保。

在过去的一百年里,许多国家的政府都承担了供养老人的部分责任。所有政府的资金都来自纳税人。因此,政府和选民必须认真思考,在未来几十年里,应该如何支付赡养老年人的费用。在美国和许多其他国家,"老年潮"逐渐到来，这一问题应当如何解决变得尤其重要。

社会保障与私有化

1999年1月，克林顿总统颁布了一系列金融改革方案，以支撑社会保障延续至下一个世纪。他建议将政府在社会保障方面的一些预算盈余进行转移，并将其中一部分资金用于投资私营单位，以获得更高的回报。他还提议建立全民储蓄账户，即一种由政府管理的储蓄计划，每个工人缴款作为资金源，但可以自己选择投资类型。一旦改革施行，政府计划将投资私营单位的预期盈余应用在军事和其他国内需求上。

这项提议引起了有关美国社会保障的未来的广泛讨论。在一些人看来，社会保障是美国有史以来最成功的社会保险计划，应该得到支

保险理赔与在美国的龙卷风中受损严重的房屋。

持，并不断强化；对其他人，尤其是更保守的选民和许多来自华尔街的代表来说，它的利润不够高，应该实行私有化。

但在现实中，争议更加复杂。现行制度的支持者认为，社会保障并不关乎利润。他们认为，如果社会保障实施私有化，那么少数派和穷人就会受到影响，例如，妇女的平均收入比男性少，但寿命比男性长，因此在晚年更容易陷入贫困。他们还声称，社会保障在很大程度上对美国政府在减少老年妇女贫困方面做出了贡献。

那些反对该体系的人，即保守派、政治家等，则提倡社会保障私有化。他们主张削减有保障的利益，从而强迫工人选择投资个人账户。为了支持他们的主张，也为了展示他们的决心，华尔街的利益集团一直在资助大量研究，试图证明私有化产生的利益会抵消未来30年申请社会保障的人数增加所带来的负面影响。

时至今日，争论仍在继续。

组织和委员会

美国有数百个组织通过向公民提供日常经济援助来促进经济活动。这些组织有些是由州政府管理的，有些是非政府的。生产者和消费者都能从他们的服务中受益。

政府在经济中还担负着纠正市场失灵的职责。例如，政府组织会参与提供公益事业，环境保护，监管某些商业活动，甚至保护消费者。然而，也有一种情况是，消费者或生产者会在组织中联合起来，来维护他们自身的利益，而不是仅仅依靠政府。组织是一种有目的、有组织的社会单位，由实际的合作系统组成，人们聚集在组织里，履行特定的职能。组织影响社会、政治和经济行为；反过来，它们也会受到这些行为的影响。

在美国，有许多组织和委员会日复一日地为成千上万的公民提供帮助。其中许多是联邦政府组织；但也有许多州和地方组织以及非政府组织的存在。这些非政府组织分布在美国各地的社区，这就使他们更容易接触到需要服务的公民。它们通常是非营利性的，其中有许多都是慈善机构。它们有些关注环境问题，如绿色和平组织；有些关注儿童权利，如拯救儿童组织；还有些关注健康问题，关注老年公民的权利等。由于全球各地的中央政府都或多或少试图削减开支，这些非政府组织就会经常涉足政府已经放弃或严重削减开支的领域。许多非政府组织都会与联邦政府机构合作，你可以从当地的镇政府或市政当局、政府部门、互联网或当地的电话簿上获得有关这些组织的信息。

政府支出：美国国税局

当政府干预经济时，他们会花钱提供某些市场提供不足或根本不会提供的商品和服务。因此，为了资助这些项目，政府必须以税收的形式获得收入。这是美国国税局（IRS）的责任。

国税局是美国政府的一个分支机构，隶属于财政部。它是负责征收联邦税的机构，它也是负责管理和执行所有联邦税法的机构，但与酒精、烟草、爆炸物和枪炮有关的法律不在其职权范围内。联邦税主要来自对个人和公司征收的所得税。然而，美国公民并不仅仅需要缴纳联邦税，他们还要给美国社会安全局以及州等地方政府支付额外的税款。

除了税收和执行税法，国税局还需制定税收政策和准则，并向国会提出建议。它提供信息帮助那些不清楚自己是否应该缴税，应该缴

美国国税局的总部。

多少税，以及由于个人情况可能有哪些减免资格的普通公众。为了使相关信息被更多人了解到，国税局经常制作涵盖这些信息的书籍、小册子等，免费提供给公众。国税局还会向公众提供有关其税收权利、责任和义务的建议，并处理投诉。未按要求纳税的公民有可能需要支付罚款，甚至会面临牢狱之灾。

如上所述，国税局对酒精、烟草或枪炮等没有任何管辖权。这些是由美国烟酒枪炮及爆炸物管理局负责的。烟酒枪炮及爆炸物管理局还调查有关酒精饮料或烟草的污染、勾兑酒精饮料或滥用枪支的投诉。

消费者保护机构

通常情况下，消费者在购买前对他们所购买的东西了解有限。因此，消费者有可能买到有缺陷的商品和服务，甚至使用这些产品可能会受伤和生病。此外，消费者也可能对他们收到的售后服务不满意，或者觉得商家没有合理维护他们的销售合同协议条款。

因此，为了避免消费者在购买商品和服务时面临这些风险，消费者保护机构问世了。这些机构的作用是向消费者提供有关他们打算购买的产品的重要信息，并警告消费者与某些产品有关的安全和健康问题，以及市场上的不良商业行为。

联邦贸易委员会：消费者保护局

这个政府机构致力于保护消费者免受不公平或诈骗的影响。它帮助制定和执行国会通过的消费者保护法，它还致力于遏制带有不公平性及欺骗性的广告和营销手段，以及查处产品的虚假标签和包装。

组织和委员会

消费警示和产品召回

消费品安全委员会有一个非常重要的任务，就是监督和执行产品上市前要达到的标准。上市产品一旦出现问题，可能会被召回。也就是说，购买到问题产品的消费者必须将其退回到他们购买的地方，获得退款或等待维修。以下是1999年9月发布的一些召回事件的例子：

毛绒玩具上的绒球——大约472000个含绒球的毛绒玩具被召回。消费品安全委员会认为这些绒球会对健康造成危害，因为它们会从玩具上脱落，幼儿可能会误食并造成窒息。

易燃彩带喷雾——约有912000罐彩带喷雾（也被称为"疯狂丝带"）被召回。这是因为彩带喷雾罐含有易燃材料，一旦靠近明火，如生日蜡烛，会有烧伤的危险。

秋千——约有60000个属于后院健身器材的秋千被召回维修。原因是秋千上的螺栓外露，会导致在秋千上玩耍的儿童被割伤。

同时，消费者保护局也调查某些行业的商业惯例，甚至调查特定公司的做法是否合法。一旦被发现公司违反消费者保护法，这些公司将面临严峻的后果，甚至被送上法庭。最后，该局编撰了消费法相关教材和课程，以教育消费者了解他们的权利，同时教育公司了解良好的商业惯例和消费者保护法。

消费品安全委员会

这个独立的联邦机构成立于1972年，旨在保护公众免受任何因使用消费产品或服务而可能产生不合理伤害的风险。消费者如果有与健康和安全有关的投诉，应提交给消费品安全委员会，然后委员会将启动调查。如果消费者因使用产品而受伤或生病，委员会会评估伤害发生的原因，并研究如何在未来避免这些伤害。如果已经上市的产品被发现存在安全隐患，委员会将发布安全警报，提醒消费者注意危险，甚至会召回该产品。

消费品安全委员会开展的教育课程，不仅提供了市场上产品的大量信息，而且还可以提高消费者对某些产品可能存在的危险的认识，以及教育消费者如何正确地处理和使用来避免这些危险。其工作的一个重要部分涉及制定统一的标准，产品必须符合这些标准才允许上市。

食品和药品管理

食品和药品管理局（FDA）致力于保护公众健康，负责确保人类和动物食品、化妆品和药品的安全。食品和药品管理局的主要工作是，

食品和药物管理局致力于维护公众安全的利益，确保食品、化妆品和药品对人类和动物是安全的。那些被怀疑不安全的产品要经过严格的实验室测试，如果发现产品存在安全隐患，该产品会被停止销售。

组织和委员会

确保这些产品正确标明了个人如何安全使用这些产品的信息。

  为了实现其目标，食品和药品管理局聘用了大约9000名员工，负责监督在美国制造的所有医疗、食品和化妆品的生产、包装和销售。其提供这项服务的成本相当于价值约10000亿美元的产品，占美国消费者每年花费的四分之一，相当于每个纳税人每年要为这项服务缴纳3美元。

  美国食品和药品管理局还负责监督国家的血液供应安全。食品和药品管理局内设检查员监管血库的运作，核查记录和标签程序，并检

消费品安全委员会在儿童玩具等产品投放市场之前会对其进行监督和执行标准。

查血液中是否存在污染物。

调查员和检查员每年会访问15000多家工厂，检查产品上的标签是否正确。有时，他们会收集产品样本，并将其送给研究员检验。研究员的工作不仅包含检查产品的标签是否正确，还包括测试样品是否含有农药或有毒物质。

当公司被发现违反FDA的规定时，FDA会先鼓励该公司自觉改正问题，如果该公司拒绝改正，FDA将从市场上召回其产品。如果公司拒绝遵守这方面的规定，FDA可以对该公司提起诉讼，并通过法院判决迫使其停止销售其产品。由于FDA的监督检查程序，平均每年约有3000种产品被发现不适合人类或动物使用，并被撤出市场。此外，每年约有30000件进口货物在入境口岸被扣留，理由是这些货物看起来不合规。

市场监管机构

银行、信用社以及证券和股票交易活动可以促进经济的整体金融活力，在社会中发挥着举足轻重作用。但是这类市场活动可能会出现金融不稳定性或是导致消费者损失的腐败和不良商业行为。因此，需要有一些机构负责监督这些类型的市场活动。

联邦储备系统（FRS）

联邦储备系统，通常我们称为"美联储"，是美国的中央银行，负责监督隶属于该系统的州政府特许银行。这些银行的借贷行为和商业行为都接受美联储的监督。美联储还参与管理和制定有关美国货币和信贷事务的政策。

同时，美联储也编撰和派发教育材料，让公众加深对其职责和活动的认识。它还制作信息文献，向公众提供关于债权人和消费者权利和责任的建议。

美国财政部

这个部门最为人熟知的是它参与制定和执行税收政策以及印纸币。同时，它也负责对国家银行进行全面监督。它参与解决客户对某些银行行为的投诉，并为消费者提供一个讨论会来表达他们的不满和意见。此外，它还参与制定和执行银行政策，确保银行可以良性运作并满足消费者需求。

证券和交易委员会

该委员会执行联邦法律，要求参与证券（股票和债券）交易的个人和公司公开信息，其目的是避免公众和投资者在证券交易中上当受骗。同时，委员会对可能违反证券法的行为进行调查，并采取行动监管投资公司、经纪人和经销商的活动。此外，该委员会还对回应公众有关证券事务的问题，以及审查那些认为自己被骗的投资者的投诉。一旦审查发现确实发生了欺诈行为，此事将被移交给司法部。

劳动相关机构

美国人口众多，劳动力资源丰富。但一些雇主在招聘时采用歧视性做法，因而许多人在找工作过程中面临巨大困难。对于找到工作的人来说，也存在工作条件恶劣、工资低的现象。因此，政府成立了一些机构来保护工人的权利和福利。

平等就业机会委员会

平等就业机会委员会（EEOC）成立于1964年，旨在杜绝就业歧视。该委员会重点关注公司员工的晋升、聘用和解雇等一系列做法，并负责执行禁止就业歧视的联邦法规。这些法规包括：

- 1964年《民权法案》第七章。禁止基于种族、肤色、宗教、性别或国籍的歧视。

- 1967年的《就业年龄歧视法》。禁止歧视40岁及以上的求职者。

- 1963年的《同酬法》。禁止基于性别的歧视，坚持同工同酬的原则。

- 1990年的《美国残疾人法》第一篇。禁止基于残疾的歧视。

平等就业机会委员会成立于1964年。1999年，它在美国处理了超过80000起有关就业歧视的投诉。

尽管《1964年民权法案》规定禁止就业歧视，但基于肤色的歧视仍然存在。

- 1991年的《民权法案》——包括在发生故意歧视的情况下提供金钱赔偿的规定。

如果个人觉得自己受到了歧视，可以请求平等就业机会委员会对此事进行调查。该委员会每年处理75000起至80000起投诉。如果委员会发现个人的投诉有理有据，它将首先尝试通过双方讨论达成和解。如果这种方法不能成功解决问题，那么委员会可能会协助个人对歧视方提起诉讼。

美国劳工部

美国劳工部负责管理和执行180多条与劳工问题有关的联邦法规。这些法规涵盖了就业的所有方面，包括工作场所安全、工人权利、失业保险、促进平等机会就业和基本就业条件。劳工部还向民众和公司提供有关这些法规的信息，这对于教育公众了解平等劳动、最低工资和他们作为工人的权利有着重要意义。

在劳工部内部，有不同的部门分管劳工问题的不同方面。劳工统计局是主要研究机构，负责收集与劳动力市场有关的事实和数据，记录各行各业的工资水平和工作时间。这些信息一方面，可以为国会做有关劳动立法的决定提供参考；另一方面，普通公众也可以从中受益。劳工统计局有一个"职业展望计划"，向未来的大学毕业生提供职业信息，包括与每个特定职业相关的培训要求、工作条件、工作时间和就业前景。该局还出版了关于如何撰写简历和准备工作面试的刊物。

劳工部的另一个部门——职业健康和安全管理局（OSHA），专注工作场所的健康和安全。其成立旨在鼓励工人和雇主共同合作，消除工作场所的危险，提高工作场所的一般安全标准。OSHA的主

平等就业机会委员会宣布就菲律宾护士群体的工资歧视诉讼案达成了210万美元的和解

以下摘录自平等就业机会委员会1999年3月2日星期二发布的新闻稿，文中说明了平等就业机会委员会如何帮助工人处理就业歧视问题。

密苏里州堪萨斯城——美国平等就业机会委员会（EEOC）今天宣布，针对伍德拜恩（Woodbine）保健中心的集体就业歧视诉讼案达成210万美元的和解。该诉讼称，伍德拜恩在工资、工作分配以及其他就业条款和条件方面对65名菲律宾注册护士进行了歧视，原因是他们的国籍。

"这是平等就业机会委员会在一周内处理的第二个关于歧视外国工人的案子。"平等就业机会委员会主席艾达·L.卡斯特罗（Ida L. Castro）说。

"第一例是，为加利福尼亚州和亚利桑那州的农业工人群体达成了180万美元的和解。今天这个和解案例源于外国出生的雇员因原籍而在工作中受到歧视，并且得不到公平的报酬。外国出生的雇员不应该被剥夺实现美国梦的平等机会。"

1993—1995年，伍德拜恩公司向移民和归化局（INS）提出申请，允许它在堪萨斯城地区的疗养院聘用外籍注册护士。伍德拜恩公司承诺聘用菲律宾人作为注册护士，并支付给他们与美国注册护士相同的工资。

然而，伍德拜恩公司并没有履行承诺，其支付给菲律宾护士的工资每小时比美国护士少6美元左右。此外，菲律宾雇员也没有被聘用为注册护士，而是被分配为护士助理和技术人员。即使是那些最终被分配到注册护士岗位的菲律宾护士，其工资也比美国护士低。

1996年，其中两名菲律宾护士向平等就业机会委员会提出歧视指控。委员会的调查发现，伍德拜恩公司违反了《民权法案》第七章相关规定，没有将菲律宾护士作为注册护士进行分配和补偿，还因其国籍而骚扰和恐吓他们。

在平等就业机会委员会做出调查结论后，伍德拜恩公司拒绝了和解，其中一名菲律宾护士艾琳·维拉纽瓦（Aileen Villanueva）提起了个人诉讼。在委员会总法律顾问证明该案具有普遍性和公共重要性后，委员会介入了该诉讼，指控伍德拜恩公司对所有菲律宾护士的歧视做法。卡斯特罗主席说："平等就业机会委员会的干预，对于本案迅速达成集体和解起到了重要作用。"

要职能之一是，为工作场所的安全和健康制定具体准则。例如，规定工作场所所需的消防通道和灭火器的数量，工人必须接受的安全培训种类，应提供的厕所数量，以及工作场所可接受的噪声水平等。OSHA的检查员会定期对工厂进行突击检查，以检查企业是否符合这些规定。被发现违反相关规定的公司可能会收到传票，在更严重的情况下，可能会被罚款。

OSHA还向私营单位提供职业健康和安全问题教育，并为小企业提供免费咨询服务。OSHA的顾问会和小企业一起走访工作场所，指出工作场所的潜在危险。

美国社会安全局

虽然这个管理机构严格来说不是一个劳动

位于华盛顿的美国劳工部，负责管理和执行涉及就业方面的法律。

机构，但受雇的个人都要缴纳社会安全税，美国社会安全局（SSA）便与劳工有了千丝万缕的联系。所有美国公民都可以并且应该申请社会安全卡。这对找工作尤其重要，因为社会安全卡号是用来记录你的个人资料和收入情况。当你找到工作时，你的雇主会从你的社会安全卡中扣除一定的费用作为社会安全和医保税交到国税局，同时向社会安全局报告你的收入情况。当你缴纳这些税款时，你会获得积分，这些积分可以换取特定的社会安全福利。

社会安全局向符合条件的（即你必须有足够的积分）个人提供的主要福利包括：

- 退休福利。个人在65岁时退休并获得收入补贴。
- 残疾津贴。残疾严重到以至于一年或更长时间都不能工作的人，或者因残疾导致早亡的人，工作时可以得到津贴和医疗保障。
- 家庭福利。如果你有资格获得退休或残疾津贴，根据你的社会安全记录，你的家庭成员也可能有资格获得津贴。
- 遗属。如果你在工作期间获得了足够的社会安全积分，你的家人在你去世后可能有资格获得津贴。
- 医疗保险。医疗保险福利由两部分组成，即住院保险和医疗保险。年满65岁并领取社会安全福利的人，或已领取残疾津贴满两年的人，自动获得住院和医疗保险的资格。其他个人必须填写正式申请。
- 补充保障收入福利。每月支付给低收入和只拥有少量资产的个人。获得这项福利的条件是必须超过65岁或残疾。这些福利的资金来自一般税收收入。

法官支持 OSHA 对休斯敦建筑业主使用未经培训的工人清除石棉的指控

以下摘录自美国劳工部公共事务办公室1999年9月9日发布的新闻稿，文中说明了职业健康和安全管理局如何协助起诉违反健康和安全准则的公司。

一名行政法官认可了职业安全与健康管理局对埃里克·K. 霍（Eric K·Ho），霍霍霍快递（Ho Ho Ho Express）和休斯敦果园（Houston Fruitland）故意违反安全和健康规定的诉讼，因其使用未经培训的工人来清除具有潜在危险的石棉，并判处上述公司1 136 900美元的罚款。

1998年3月11日，得克萨斯州休斯敦市的一栋大楼发生爆炸和火灾，三名工人被烧伤。OSHA 迅速展开调查，发现这起火灾牵扯到一个秘密的清除石棉项目。雇主埃里克·霍使用未经培训的工人清除建筑中的石棉，这些工人都是没有证件的移民，他们不会说英语也没有受过教育。

"法官的裁决表明，公然违反法律的行为不会被容忍，违法者将受到严厉的制裁。我们必须赞扬这些墨西哥人站出来讲述他们的故事的勇气，"OSHA 休斯敦南部地区主管雷·斯金纳（Ray Skinner）说，"他们被剥削劳力并可能受到严重的潜在伤害，这一点不应该被遗忘。"

斯金纳说："这些工人从未被告知他们在清除石棉或与该材料有关的风险，他们也没有得到适当的呼吸保护，而只是穿着平常衣服进行工作。"雇主为了避免被发现，让他们在夜里干活，并用锁和围栏包围起来。

OSHA 表示，埃里克·霍在购买这座大厦时就知道这些建筑含有石棉，但从未试图保护他的雇员免受这种致癌物质的影响。

环保机构

由于自然资源在市场体系中通常没有定价，所以这些资源有被开发的趋势。这就需要一些外部机构对这些资源进行保护。美国有许多环保组织，其中联邦环境署（Federal Environmental Authority）是美国最大的环保组织。国家环境保护局（EPA）可能是关注环境问题的最著名机构。

环保局致力于保护人类健康和自然环境——即空气、水和土地——或人类生活所依赖的资源。环保局经常建议国会和其他机构在制定法律时考虑到环境因素。它还鼓励国会确保与保护人类健康和环境有关的联邦法律在颁布后能得到切实执行。环保局对环境问题进行研究，并向政府机构、公众和公司提供有关环境问题的详细信息。这些信息涉及毒素和杀虫剂对人类健康和环境的影响、饮用水相关问题、酸雨、垃圾填埋与回收利用和空气质量等。公众可以通过时事通信、新闻发布会和小册子了解到这些信息。

一个警告石棉污染的标志。1978年，该工地被发现存在高浓度的有毒废物，导致了出生缺陷和疾病。经此事后，环保局制订了一个全国性的有毒废物工地清理计划，该计划于1980年被政府批准。

环保局工作人员检测环境。

组织和委员会

美国国家环保局还为工业界开展拓展项目，鼓励其提高对环境问题和关注的认识。他们特别关注污染程度和企业处理废物的方式。该机构还实施了一项石棉计划，向建筑承包商和公众提供有关查找和清除石棉的援助。最后，环保局可以为旨在保护环境的项目提供财政拨款。例如，1999年8月，环保局向缅因州提供了110万美元的资金，用于保护和改善缅因州的水资源质量。环保局还向佛蒙特州提供了15万美元的拨款，用于培训教师和编订环境教育相关的课程。

美国国家环保局的科学家在研究基地检查水是否受到污染。

美国——圣人还是罪人？

1999年11月11日，英国《卫报》上刊登了一篇题为"财富的代价是什么"的文章，文中记者约翰·维达尔（John Vidal）谈到了美国在新千禧年开始时呈现给世界一种"人格分裂"感。一方面，20世纪，几乎所有对全球环境产生不利影响的事情美国都负有部分责任：汽车污染、基因工程、核电、全球旅游业等。另一方面，美国宣称热爱自然和环境，并大力投资开发科学技术，以清除它给环境造成的破坏。

人们普遍认为，20世纪的美国一直在保护自己的工业利益，而视其他于不顾。主要资本家的"花言巧语"导致美国政府拒绝签署保护生物多样性的条约，给予药物公司为主要在发展中国家发现的遗传物质申请专利的自由，在南极采矿却不保证不破坏环境，以及轻视全球环境保护法和消费者保护法的法律效力。另一方面，美国却也是最直言不讳的环境保护主义者，拥有最严格的清洁空气和汽车排放标准，最严厉的反吸烟法，和最具创新性的替代能源技术。这场"破坏"与"保护"的博弈，其结果可能关乎所有生命的未来。

商业组织和游说

在美国，不仅有保护消费者利益的组织，也有维护生产者商业利益的组织。特别是，成立于1912年的美国商会，是世界上最大的商业利益联盟之一，代表了300多万家美国公司。

美国商会不是一个政府机构，其主要目的是促进企业在社会各领域的事业和利益，包括：游说国会制定有利于企业的法律；鼓励政策制定者维护自由市场；游说政府取消某些法律对企业的限制和义务以及主张降低企业所得税。

该商会还为其成员提供服务。加入商会的企业有权利用商会的研究数据库和收集的有关工作场所法规、最低工资信息以及有关雇主对工人责任的法律信息。此外，商会还会为企业提供关于如何改善生产经营和提高利润的建议。最后，商会为成员提供海外投资机

组织和委员会

会的信息。拥有这些信息和资源在手,商会日益壮大,盘根错节,在各地都设有分支机构,是所有商业人士的重要信息来源。

大达拉斯商会

大达拉斯商会就是一个很好的例子,它的使命是"团结和吸引达拉斯地区的商业社区,提供充满活力的商业和公民领导,以发展和维持繁荣的经济和充满活力的社区"。

商会通过所有正常的媒体渠道提供大量的本地商业信息:经济发展前景的研究,关于商业和工业的系列出版物,劳工分析,工资和福利调

纽约商会的章程,起草于1912年。商会是一个独立的机构,促进企业在社会各个领域的事业。

查、数据、图表、图形和人口统计资料，以及有助于本地公司进入全球市场的营销和宣传信息。

游说公司

美国有数以千计的游说公司，几乎涵盖所有的利益领域。商业游说通常以金融和法律为中心，游说公司利用他们的人脉和专业知识为客户拓展业务。例如，他们可以代表客户申请政府拨款或贷款，或者通过他们在法律方面的专业知识，使一家或多家公司能够影响政府做出有利于他们的决策和立法。

新泽西州的公共战略影响公司就是这样一家游说公司。它提供"沟通、渠道、战略规划和创造性地解决问题"的服务。该公司的管理人员中共和党和民主党的都有，他们对新泽西州的

游说者代表商会来游说政府已经非常常见。美国政府出台了严格的规定规范游说者的行为。

法律制定过程以及制定法律的人有充分的了解，因此可以提供"两党不同立场的信息"。此外，该公司还提供"从政府到公共和社区关系，从媒体到金融，从商业到法律"的帮助。公共战略影响公司有一个庞大的客户名单，包括新泽西州 AAA 汽车俱乐部、美孚石油公司、纽约巨人足球队、罗格斯—新泽西州立大学、纽瓦克市，以及当地成千上万的小企业。

组织的有效性

在美国经济中，有许多组织在促进经济活动方面都发挥着重要作用。如果它们能有效运作，消费者和生产者都能从中受益。然而，有些时候组织不能良好运作，也有些组织的效率比其他组织低。一个组织的效率取决于它的内部机构和行政框架，取决于它拥有的资源，以及它对不断变化的社会、政治和经济条件的反应能力。这些问题在设计组织时需要着重考虑。

术语表

保护主义：一种经济学说，试图通过对进口商品征收关税来保护国内生产者。

比较优势：生产者（个人、企业或政府）在以较低的机会成本生产产品时所获得的优势。

财富：一个家庭、企业或国家的总资产减去总负债所得。

财政政策：政府为维持经济平衡而实施的政策，一般是改变商品或服务支出，或通过税收增加收入。

成本效益分析：对项目或政策进行评价，例如，将所有的社会和财政成本，与该项目或政策产生的社会和财政效益进行比较。

发展中国家：正在经历经济现代化过程的国家，这些国家通常通过发展工业和商业基础来增加国内生产总值。

繁荣与萧条：用于描述经济活动在增长与收缩之间剧烈波动的时期。

放任主义：法语意为"随它去吧"，最初在古典经济学中用来描述没有政府干预的经济。

福利国家：由政府提供福利的制度，为公民提供健康保障，并使其免于贫困。福利通常包括免费医疗、疾病或失业保险、养老金、残疾津贴、住房补贴和免费教育等。

供给：以特定价格出售的商品或服务的数量。

规模经济：当产出增加时，导致产品生产平均成本下降的因素。

国际收支：一个国家的国际贸易、借贷的记录。

国民生产总值（GNP）：国内生产总值加上国内居民从国外投资中获得的收入，减去外国人在国内市场上获得的收入。

国内生产总值（GDP）：某一特定经济体的最终产出总值。

黑市：经济中的非法活动市场，不受管制或无法征税，经常买卖高价、非法或稀有商品。

宏观经济学：研究对象是整体经济而不是个人或企业的具体选择的学科。

货币供应量：经济体中可以很容易地兑换成商品和服务的流动资产数量，通常包括纸币、硬币和支票及银行存款。

货币政策：试图通过改变货币供应和利率来调节通货膨胀和经济活动的政策。制定货币政策通常是各国中央银行的职责。

货币主义：一种经济学说，认为经济中的货币数量是社会总需求的主要决定因素。因此，政府试图通过刺激需求来增加产出只会导致通货膨胀。

机会成本：在做出经济选择时必须放弃的最佳选择。

计划经济：生产和分配由中央权力机构决定，如统治者或政府。

净出口额：一个国家财政状况的指标，由出口价值减去进口价值得出。

凯恩斯主义：以凯恩斯的理论为基础的经济理论，主张政府通过财政政策进行干预以稳定经济。

可持续发展：在经济发展过程中，利用可再生资源而不是有限资源，并尽量减少经济活动对环境造成的永久性破坏。

劳动力：为经济活动提供体力或脑力的合法劳动者。

利息：储蓄者或投资者在其存款或投资中赚取的金额，或借款者在其贷款中支付的金额。利息的数额由利率决定。

流动性：衡量一项资产转换成现金的容易程度。

垄断：市场中某一种商品或服务只有一个供给者，且无法找到类似的替代品。

企业家精神：能够感知市场中的机会，并将生产要素组合起来利用这些机会。

商品：产品，如咖啡、棉花、铜或橡胶。在经济学中，"商品"也用来描述生产过程中创造的产品或服务。

商业周期：经济活动中有周期性但不规律的波动，通常由国内生产总值来衡量，经济学家并不完全了解其涨落原因。

生产率：资本和劳动力等资源的投入与商品和服务的产出之间的比率。

生产要素：经济中的生产资源，通常定义为土地、劳动力、企业家精神和资本。

失业：一种生活状况，指成年劳动力没有工作，并正在找工作。

市场：促进商品、服务或生产要素的买卖的一项基础设施。在自由市场中，由此产生的价格由供求规律而不是外部约束来调节。

衰退：经济活动的严重收缩，以连续两个季度国内生产总值下降为标志。

税收和关税：政府对经济活动征收的强制性费用。政府可以对多种财富或收入征税，对营业利润征税，或对驾驶等活动征收执照费。关税是对进口商品征收的税。

私营部门：经济中的一个组成部门，其经济活动由个人或公司决定，生产资料由个人或公司拥有。

通货紧缩：物价的普遍下跌。

通货膨胀：物价总水平呈现上升趋势。

土地：土地和所有自然资源，如石油、木材和鱼类等。

托拉斯：企业间形成的反竞争联盟，目的是迫使商品价格上涨，降低成本。1890年的《谢尔曼法》规定托拉斯在美国是非法的。

外部性：某一项经济活动对第三方造成了损失，而责任并没有由该经济活动的执行者来承担。

外汇兑换率：一国货币兑换另一国货币的比率。这个比率经常被用来衡量不同经济体的相对进出口优势和劣势。

微观经济学：研究对象是个体、家庭和企业，它们在市场上的选择，以及税收和政府监管对它们的影响。

消费品：经济产品或商品，购买后供家庭使用，而不是供工业使用。

消费者物价指数（CPI）：一种经济指标，以一系列商品和服务的价格为基础来计算家庭的平均支出。

萧条：商业周期的低谷，通常以高失业率、低产出、低投入和企业普遍破产为特征。

新殖民主义：一个国家与前殖民地之间的一种关系，在这种关系中，前殖民地的商业利益继续主导后者的经济。

需求：人们对特定商品或服务的需求，并且有一定的支付能力提供支持。

以物易物：一种贸易制度，用商品而不是货币来交换其他商品。

债券：在未来某一特定日期支付一定数额金钱的法律义务。

账户：个人、公司或政府保存的收入、支出、资产和负债的记录。

中央银行：公共组织，或受政府影响，或是独立的，为监督和管理一个国家的货币和金融机构而设立。

重商主义：16世纪至18世纪在欧洲流行的一种经济政策，强调出口的重要性，以赚取黄金和白银储备，并使用高关税来阻止进口。

专业化：由个人、企业或政府决定只生产或提供一种或几种商品或服务的做法。

资本：由家庭、公司或政府拥有的有形资产，如设备、房地产和机器。资本也指金融资本，或用于资助企业的资金。

资本主义：一种以私有制、企业和自由市场为基础的经济制度。自16世纪以来，资本主义一直是西方世界占主导地位的经济体系。

资产负债表：显示公司、个人或其他经济单位财务状况的资产和负债清单。

自由贸易：不受关税或配额等壁垒限制的国际贸易。

参考文献

Allen L. *Encyclopedia of Money*. Santa Barbara, CA: ABC-Clio, 1999.

Ammer C., Ammer D. S. *Dictionary of Business and Economics*. New York: MacMillan Publishing Company, 1986.

Atrill P. *Accounting and Finance for Non-Specialists*. Englewood Cliffs, NJ: Prentice Hall, 1997.

Baker J. C. *International Finance: Management, Markets, and Institutions*. Englewood Cliffs, NJ: Prentice Hall, 1997.

Baites B. *Europe and the Third World: From Colonisation to Decolonisation, 1500–1998*. New York: St. Martins Press, 1999.

Bannock G., Davis E., Baxter R.E. *The Economist Books Dictionary of Economics*. London: Profile Books, 1998.

Barilleaux R. J. *American Government in Action: Principles, Process, Politics*. Englewood Cliffs, NJ: Prentice Hall, 1995.

Barr N. *The Economics of the Welfare State*. Stanford, CA: Stanford University Press, 1999.

Barro R. J. *Macroeconomics*. New York: John Wiley & Sons Inc, 1993.

Baumol, W.J., and Blinder, A.S. *Economics: Principles and Policy*. Forth Worth, TX: Dryden Press, 1998.

Begg, D., Fischer, S., and Dornbusch, R. *Economics*. London: McGraw-Hill, 1997.

Black J. A. *Dictionary of Economics*. New York: Oxford University Press, 1997.

Blau F. D., Ferber M. A., Winkler A. E. *The Economics of Women, Men, and Work*. Engelwood Cliffs, NJ: Prentice Hall PTR, 1997.

Boyes W., Melvin M. *Fundamentals of Economics*. Boston, MA: Houghton Mifflin Company, 1999.

Bradley R. L Jr. *Oil, Gas, and Government: The U.S. Experience.* Lanham, MD: Rowman and Littlefield, 1996.

Brewer T. L., Boyd G. (ed.). *Globalizing America: the USA in World Integration*. Northampton, MA: Edward Elgar Publishing, 2000.

Brownlee W. E. *Federal Taxation in America: A Short History*. New York: Cambridge University Press, 1996.

Buchholz T. G. *From Here to Economy: A Short Cut to Economic Literacy*. New York: Plume, 1996.

Burkett L., Temple T. *Money Matters for Teens Workbook: Age 15-18*. Moody Press, 1998.

Cameron E. *Early Modern Europe: an Oxford History*. Oxford: Oxford University Press, 1999.

Chown J. F. *A History of Money: from AD 800*. New York: Routledge, 1996.

Coleman D. A. *Ecopolitics: Building a Green Society* by Daniel A. Coleman Piscataway, NJ: Rutgers University Press, 1994.

Cornes R. *The Theory of Externalities, Public Goods, and Club Goods.* New York: Cambridge University Press, 1996.

Dalton J. *How the Stock Market Works*. New York: Prentice Hall Press, 1993.

Daly H. E. *Beyond Growth: the Economics of Sustainable Development.* Boston, MA: Beacon Press, 1997.

Dent H. S. Jr. *The Roaring 2000s: Building the Wealth and Lifestyle you Desire in the Greatest Boom in History.* New York: Simon and Schuster, 1998.

Dicken P. *Global Shift: Transforming the World Economy.* New York: The Guilford Press, 1998.

Economic Report of the President Transmitted to the Congress. Washington D. C.: Government Publications Office, 1999.

Elliott J. H. *The Old World and the New, 1492–1650.* Cambridge: Cambridge University Press, 1992.

Epping R. C. *A Beginner's Guide to the World Economy.* New York: Vintage Books, 1995.

Ferrell O. C., Hirt G. *Business: A Changing World.* Boston: McGraw Hill College Division, 1999.

Frankel J. A. *Financial Markets and Monetary Policy.* Cambridge, MA: MIT Press, 1995.

Friedman D. D. *Hidden Order: The Economics of Everyday Life.* New York: Harper Collins, 1997.

Friedman M., Friedman R. *Free to Choose.* New York: Penguin, 1980.

Glink I. R. *100 Questions You Should Ask About Your Personal Finances.* New York: Times Books, 1999.

Green E. *Banking: an Illustrated History.* Oxford: Diane Publishing Co., 1999.

Greer D. F. *Business, Government, and Society.* Engelwood Cliffs, NJ: Prentice Hall, 1993.

Griffin R. W., Ebert R. J. *Business*. Engelwood Cliffs, NJ: Prentice Hall, 1998.

Hawken P. et al. *Natural Capitalism: Creating the Next Industrial Revolution*. Boston, MA: Little Brown and Co., 1999.

Hegar K.W., Pride W.M., Hughes R. J., Kapoor J. *Business*. Boston: Houghton Mifflin College, 1999.

Heilbroner R. *The Worldly Philosophers*. New York: Penguin Books, 1991.

Heilbroner R., Thurow, L. C. *Economics Explained: Everything You Need to Know About How the Economy Works and Where It's Going*. Touchstone Books, 1998.

Hill S. D. (ed.). *Consumer Sourcebook*. Detroit, MI: The Gale Group, 1999.

Hirsch C., Summers L., Woods S. D. *Taxation : Paying for Government*. Austin, TX: Steck-Vaughn Company, 1993.

Houthakker H. S. *The Economics of Financial Markets*. New York: Oxford University Press, 1996.

Kaufman H. *Interest Rates, the Markets, and the New Financial World*. New York: Times Books, 1986.

Keynes J. M. *The General Theory of Employment, Interest, and Money*. New York: Harcourt, Brace, 1936.

Killingsworth M. R. *Labor Supply*. New York: Cambridge University Press, 1983.

Kosters M. H. (ed.). *The Effects of Minimum Wage on Employment*. Washington D.C.: AEI Press, 1996.

Krugman P. R., Obstfeld M. *International Economics: Theory and Policy*.

Reading, MA: Addison-Wesley Publishing, 2000.

Landsburg S. E. *The Armchair Economist: Economics and Everyday Life.* New York: Free Press (Simon and Schuster), 1995.

Lipsey R. G., Ragan C. T. S., Courant P. N. *Economics.* Reading, MA: Addison Wesley, 1997.

Levine N. (ed.). *The U.S. and the EU: Economic Relations in a World of Transition.* Lanham, MD: University Press of America, 1996.

MacGregor Burns J. (ed.). *Government by the People.* Engelwood Cliffs, NJ: Prentice Hall, 1997.

Morris K. M, Siegel A. M. *The Wall Street Journal Guide to Understanding Personal Finance.* New York: Lightbulb Press Inc, 1997

Naylor W. Patrick. *10 Steps to Financial Success: a Beginner's Guide to Saving and Investing.* New York: John Wiley & Sons, 1997.

Nelson B. F., Stubb C. G. (ed.) *The European Union : Readings on the Theory and Practice of European Integration.* Boulder, CO: Lynne Rienner Publishers, 1998.

Nicholson W. *Microeconomic Theory: Basic Principles and Extensions.* Forth Worth, TX: Dryden Press, 1998.

Nordlinger E. A. *Isolationism Reconfigured: American Foreign Policy for a New Century.* Princeton, NJ: Princeton University Press, 1996.

Painter D. S. *The Cold War.* New York: Routledge, 1999.

Parkin M. *Economics.* Reading, MA: Addison-Wesley, 1990.

Parrillo D. F. *The NASDAQ Handbook.* New York: Probus Publishing, 1992.

Porter M. E. *On Competition.* Cambridge, MA: Harvard Business School Press, 1998.

Pounds N. J. G. *An Economic History of Medieval Europe.* Reading, MA: Addison-Wesley, 1994.

Pugh P., Garrett C. *Keynes for Beginners.* Cambridege, U.K.: Icon Books, 1993.

Rima I. H. *Labor Markets in a Global Economy: An Introduction.* Armonk, NY: M.E. Sharpe, 1996.

Rius *Introducing Marx.* Cambridge, U.K.: Icon Books, 1999.

Rosenberg J. M. *Dictionary of International Trade.* New York: John Wiley & Sons, 1993.

Rye D. E. *1,001 Ways to Save, Grow, and Invest Your Money.* Franklin Lakes, NJ: Career Press Inc, 1999.

Rymes T. K. *The Rise and Fall of Monetarism: The Re-emergence of a Keynesian Monetary Theory and Policy.* Northampton, MA: Edward Elgar Publishing, 1999.

Sachs J. A., Larrain F. B. *Macroeconomics in the Global Economy.* Englewood Cliffs, NJ: Prentice Hall, 1993.

Shapiro C., Varian H. R. *Information Rules: A Strategic Guide to the Network Economy.* Cambridge, MA: Harvard Business School, 1998.

Smith A. An *Inquiry into the Nature and Causes of the Wealth of Nations*, Edwin Cannan (ed.). Chicago: University of Chicago Press, 1976.

Spulber N. *The American Economy: the Struggle for Supremacy in the 21st Century.* New York: Cambridge University Press, 1995.

Stubbs R., Underhill G. *Political Economy and the Changing Global Order.* New York: St. Martins Press, 1994.

Teece D. J. *Economic Performance and the Theory of the Firm.* Northampton, MA: Edward Elgar Publishing, 1998.

Thurow L. C. *The Future of Capitalism: How Today's Economic Forces Shape Tomorrow's World.* New York: Penguin, USA, 1997.

Tracy J. A. *Accounting for Dummies.* Foster City, CA: IDG Books Worldwide, 1997.

Tufte E. R. *Political Control of the Economy.* Princeton, NJ: Princeton University Press, 1978.

Varian H. R. *Microeconomic Analysis.* New York: W. W. Norton and Company, 1992.

Veblen T. *The Theory of the Leisure Class (Great Minds Series).* Amherst, NY: Prometheus Books, 1998.

Wallis J., Dollery B. *Market Failure, Government Failure, Leadership and Public Policy.* New York: St. Martin's Press, 1999.

Weaver C. L. *The Crisis in Social Security: Economic and Political Origins.* Durham, NC: Duke University Press, 1992.

Werner W., Smith S. T. *Wall Street.* New York: Columbia University Press, 1991.

Weygandt J. J., Kieso D. E. (ed.). *Accounting Principles.* New York: John Wiley & Sons Inc, 1996.

Williams J. (ed.). *Money. A History.* London: British Museum Press, 1997.